終《つい》の住処《すみか》を探して

川井龍介

旬報社

はじめに　最後の一〇年どこでどう暮らすか

「最後の一〇年、あなたはどう暮らすつもりですか？」と、きかれたら、なんと答えるか。若い人なら「さあ、そんなこと」と天を仰いだりするのだろうが、中高年なら、「うーん」と、結構まじめに思いをめぐらすのではないか。

定年後の生活設計と絡めて考える人もいるだろうし、最後くらいは思うように暮らしてみたいと夢を描く人もいるだろう。あるいは、「どうなるのだろう」という不安で暗い気分が先行してしまう人もいるかもしれない。

もちろん、人生どこでどんなかたちで終わりが訪れるかだれにもわからない。だからどこが最後の五年なのか一〇年なのかはナンセンスな問いといえばその通りである。しかし、この質問を年配の人たちにしてみると、たいていが「そうだな」とばかりに、腕を組んだりしながらまじめに考えてくれるのである。どうして真剣にこの問いと向かいあうのかと考えると、それはいまや「長い老後」が意識されるからではないだろうか。

日本人の平均寿命は男性が七九歳、女性が八六歳。あなたが仮に五五歳ならそれまであと二五年から三〇年以上あることになる。したがって、漠然とでも最後の一〇年を考える時間的な余裕はずいぶんとあり、また、最後の人生設計としてその一〇年を組み立てる意味を感じるのではないだろうか。

ところで「暮らし」について考えるとき、それは心構えの問題もあるだろうが、きわめて具体的なものである。つまり、どんな場所のどんな家にだれと住むか、あるいは一人で住むか。そして何をするか、あるいはしないかということになる。もっと具体的に言えば、田舎や海外に新天地を求めるとか、子供や孫たちと二世帯住宅を建てて住むとか、早々と有料老人ホームに入るとか、はたまたもう一息何かビジネスをしてみるといった話である。

私の知人のなかにも、定年後は安曇野でペンションをやりたい、と語る人もいれば、もう一度好きな家を建ててみたいという人もいる。単身赴任が長かったあるサラリーマンは学生時代に過ごした思い出の場所の近くで暮らす夢をもっている。いま住む家を処分して小さなマンションに夫婦ふたりで余裕をもって暮らすという堅実なパターンもある。住まいのかたちは十人十色である。

もちろん、「日々の暮らしをどうこなしていくかということに精一杯で、そんなことを考える余裕などない」という意見や「そんなことは考えても仕方がない、とりあえず元気で暮らしていける間は暮らしてあとのことはなるようになる」と、達観している人もいる。その反対に、人生の最終ラウンドはこういうふうにしようと、計画を立てていたにもかかわらず、思いがけず突然伴侶を失ったり自分が病に倒れたりして大きな軌道修正を余儀なくされるケースもままある。

私はこれまで、住宅や都市、労働、福祉といった分野を取材テーマとして多く扱ってきた。それを通してどちらかと言えば、若い人より中高年の生き方に数多く接してきた。家族を養いながら、仕事をつづけながら、「将来どんなふうに暮らそうか」「最後はこんなことをやりたい」「できればこんなかたちで終わりたい」といった姿を、全国各地でたくさん見てきた。その一方で、長らく老人ホームで暮らさざるをえなくなったお年寄りや、不本意なままでほかにとるべき選択肢がなかったような生活を送っている人の話も聞いた。

翻って、私自身の問題としても、最後はどんな暮らしが待っているのか、先手を打たなければならないのか、少しでも思いどおりの人生をまっとうするためにはどうしたらいいのか、と考えてみたりする。

老いはつらいことが多い。若いころから一生懸命働いて、家族や会社のために尽くしてきたのに、どうしてこの人は人生の最後になってこんな苦しみを味わわなくてはならないのだろうか、と同情を禁じえない人がたくさんいる。病気で床に伏せったり、認知症になったり、そして家族と別れたりと……。そして自分もまた同じような境遇を迎えるという不安を覚える。

だが、考えてみればこうした問題は何もいまはじまったものではない。全体的に見れば、老後の生活に多様な選択肢が出てきただけ幸せな時代ともいえる(どこかを境に少しずつ長生きすることの問題は増えてきてはいるが……)。

年齢を重ねることで避けられない問題があるのなら、せめて元気なうちに最後の生活デザインを描いてみたらどうだろうか。将来の不安に備えて早くから有料老人ホームに入るというのも一つの選択だろうが、冒険心をもって海外へ飛び出していくという挑戦もあるかもしれない。人それぞれである。

最近話題になった映画「グラン・トリノ」では、クリント・イーストウッド演ずる主人公の老人が、人生の最後の締めくくり方を模索する。妻に先立たれ、子供たちとは同調できない厳格で頑固な主人公は一人自宅で孤立感を深めていくが、隣家のモン族の少年が自立することを手助けするなかで心を開き、やがてみずからを犠牲にして最期を迎える。終わり方は壮絶だが、切なくも心温まる締めくくり方であり、彼にとっては最後の生活デザインを描いたともいえる。

本書では、これまで私が出会ってきた人たちの人生を追いながら、最後の一〇年の暮らしを、住まいのかたちを中心に考えてみたい。そのなかには、すでに最終ラウンドの生活を実践している人もいれば、これからどうしようかと希望や不安を抱えている人もいる。ほとんどが日本の例だが、リタイア先進地域のアメリカ・フロリダで暮らす高齢者の姿も紹介した。

「最後の一〇年」と象徴的に表現したが、それが意味するのは、自ら判断し行動できるうちでの最後のまとまった時間ということである。飛行にたとえるなら、人生という飛行機を操縦するパイロットのあなたが、どこへ向けてどう着陸するかをきめる期間と言えるだろう。

どうせならいい景色を見ながら思い通りの場所へ向けて着陸態勢をとりたいものである。しかし、仮にそれほどいい景色でなかったとしても、また希望の場所へ行き着かなくても試してみないで後に後悔するよりいいではないか。覚悟して選び取った時間を過ごす意味がそこにはある。

計画が思い通りいかないことがあるのは当たり前である。昨今、人生を「成功」「失敗」といった言葉を使って言い表すことがある。アメリカ流の成功哲学のあしき影響だろう。だいたい人生に失敗だ、成功だという評価をすること自体がおかしい、というか同じ人間としておこがましい。個々の計画が失敗したり成功したりすることはあっても、人生そのものに成功・失敗と評価するほど軽薄な考察はない。

あなた自身はほかのだれでもない固有なのだから、答えはほかの人とちがって当然である。だから大切なのは、自分にあった住処とは何かを見つけることである。そのためには、情報に踊らされたりせずに、まずはこの問題をどういうプロセスで考えたらいいのかを整理することである。考えるといっても、「どんなところに住もうか」「でも、妻（夫）は納得するだろうか」「お金も心配だし……」といったいくつもの問題が頭に浮かんでくる。これをどう交通整理するかが問題になる。

そこで、まずはこの考え方の方法から記してみた。自分はどういう立場にあるのかをおおまかに確認するためのチャート（一四、一五頁参照）や、住まいを替える目安となるチェックリストと一緒に参考にしていただきたい。こうした方法論については、アメリカ最大のNPOでシニアの暮らしについてのさまざまなノウハウを蓄積している全米退職者協会（AARP）の考え方からヒントを得た。

「The Last Ten Years（ザ・ラスト・テン・イヤーズ）」。英語にして言ってみると、なんだかシニアの人生をテーマにした洋画のタイトルのようだ。話のスケールも大きくなっていくようでさらに考察のしがいがある。繰り返すが、決まった答えなどないのは当たり前である。必要なのは「考え方」であり、それを用いてあなた自身のドクマ（確信）を確立することだろう。

終の住処を探して　もくじ

「終の住処」までの考え方のプロセス・チャート

あなたの置かれている状況から、暮らし方を探る

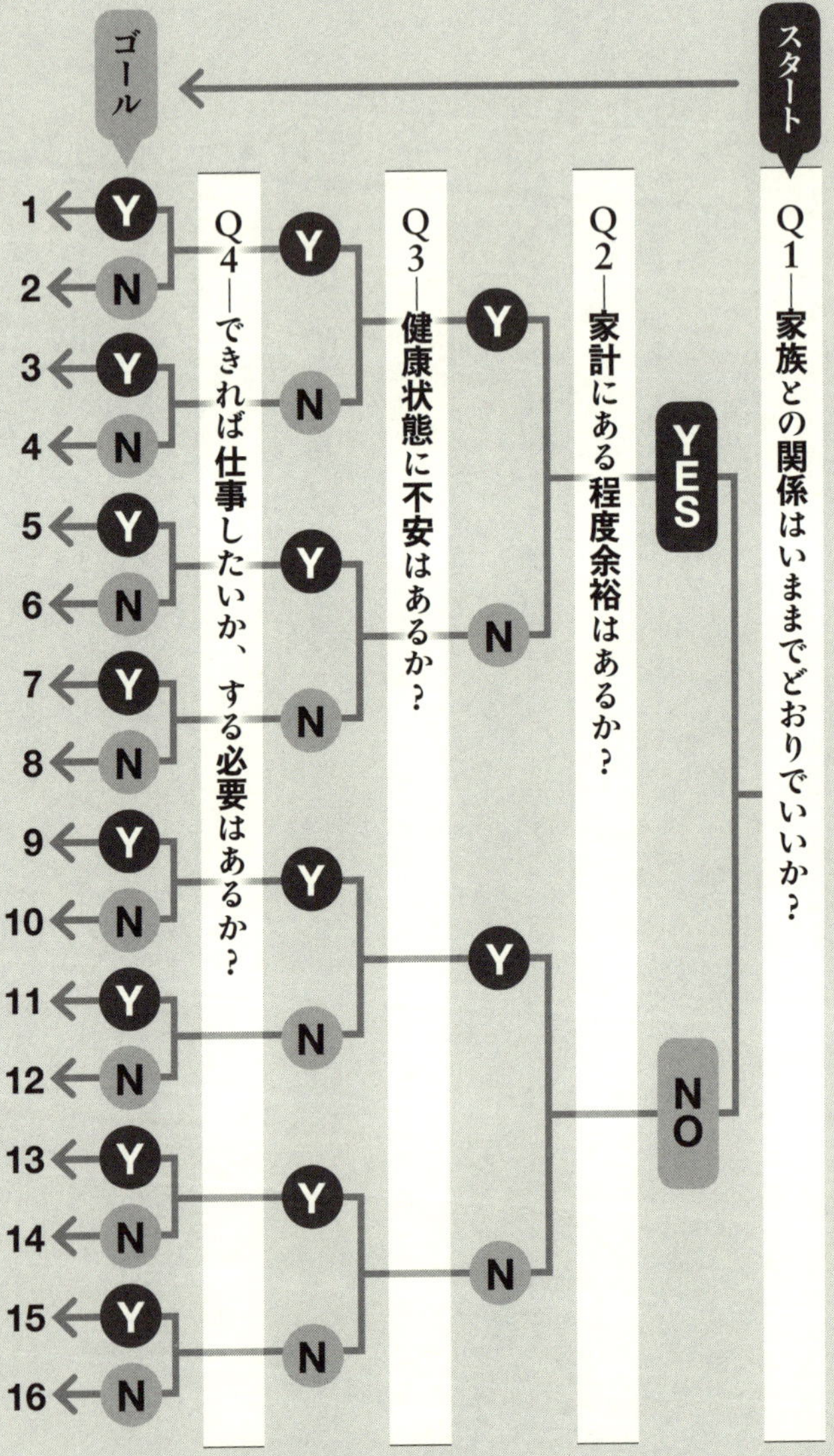

考えられる将来の暮らし・住まい（参考パターン）

1―仕事はあくまで健康との関係を配慮して。医療機関にアクセスしやすい土地で暮らす。

2―都市部や、健康に配慮した土地で家族と暮らす。家を建てかえ二世帯暮らしもあり得る。

3―仕事との関係さえ許せば好きなところへ。都会でないとできない仕事かどうか考える。

4―家族と相談して自由に住まいを決める。海外など新天地を求めるかどうかを考える。

5―無理のない範囲で仕事をする、都市部で暮らす可能性が高い。

6―生活コストに配慮して、いままでの生活の延長を考える。

7―仕事を優先しながら、家族との暮らし方を考える。

8―コストのかからない自由な生活を考える。都会を離れることも一つの方法。

9―健康に配慮し都市部でのひとり暮らしも検討する。地方でも仕事ができれば可か。

10―家族関係を改善するか、元気なうちはのんびりして、地方で暮らすこともできる。

11―家族との距離を置きながら、好きな仕事の可能性を探る。

12―都市部でも地方でも自由に生活する。別居という形態での暮らしもある。

13―家族関係を見直し、仕事をするなかでの暮らし方もある。

14―家族関係を見直すか、生活コストのかからない都市部での暮らしを考える。

15―しばらくは仕事を中心に考えて、家計を考慮して住まいを考える。

16―家族関係を見直すか、生活コストを変えて思い切って地方、田舎暮らしをする。

1 自分の置かれた状況を見極め、夢を描く

リタイア後の暮らし方を考える

あなたが歳をとって、終の住処というものを意識したとする。このままでいいのか、あるいは、別の住処を終の住処とするのか。もし、別の住処に移るとしたなら、そこから先はどんなことが必要なのだろうか。

住まいのかたちとしては、田舎暮らしがいいとか、海外がいいとか、あるいは都市部で生活するのが便利でいい、といった議論がよく出てくる。同じように、一戸建ては管理が大変だからマンション暮らしがいいといった意見もある。さらに、子供の家族と同居するのは大変だとか、一人暮らしが気楽でいいとか言われる。高齢になってまで所有している意味などないから、賃貸住宅で暮らすのが賢明だという話もでる。

こうした議論がまことしやかに、雑誌などで取り上げられる。どれもそれなりの真実はあるのだが、結論から言えば、人によってそれぞれに答えはちがうのだ。そういうと「なんだ」

とがっかりされるかもしれない。「家はいまが買い時」などと言ってくれたほうが安心するし、受けもいい。

たしかに「人によって答えはちがいます」という答えは何も言っていないに等しい。しかし、待ってほしい。そこで重要なのは、「人によってちがう」のだから、その「人」の一人であるあなた(自分)は、どういう人なのかを見極めることである。いうならば、自分をよく知るということだ。

具体的に言えば、どんなにいまマンションがブームでも、いまのあなたにとっては一戸建てがふさわしいかもしれない。また、どんなに金利が安くても買うより借りたほうがいい事情をあなたは抱えているかもしれない。

大切なことは大きく言って二つある。一つは、

「あなたが置かれている状況はどういうものなのか」

そして、もう一つは、

「あなたは、どういう暮らしをしたいのか」

である。

置かれている状況とは、財政的な事情、健康問題、家族との関係など、あなたを取り巻く客観的な事実である(一四、一五頁チャート参照)。

また、どういう暮らしとは、「ライフスタイル」と言い換えてもいい。つまり、「自分が具体的にどういう状況にあって、そして、自分がどんなライフスタイルを目指しているか」を、自分なりに見つめ直すことが大切なのである。それがはっきり浮かんでくれば、世の中の流行がなんであれ、ちょっとした損得勘定や人の意見に惑わされることはない。

いま、ここで強調したのは、「何がいいか」と単純に結論を急ぐ短絡的な思考ではなく、「何がいいか」を結論づけるための「考え方の方法論」が重要だということである。こうした方法論については、さすがにアメリカは進んでいる。マニュアルをつくるのが得意な文化をもっているだけあって、老後の問題についても、考え方の方法論が早くからできあがっている。

全米退職者協会（AARP）が示した、リタイアメント・プランニング・プログラムズはまさにそれに該当する。AARPは全米最大のNPOで、約四〇〇〇万人の会員をもち、高齢者の福祉、権利などを守るさまざまな活動をしている。政治的にも一種の圧力団体として、高齢者の利益を代弁している。

日本でもAARPの活動については、私がアメリカにいた八〇年代中ごろから、〝シルバービジネス〟に参入する企業が関心を寄せ、先駆的な企業はすでに現地を視察していた。九七年に、AARPと協調関係をもった日本労働者協同組合連合会の主催するAARPへの視察団の一人として、私もワシントンDCにある本部とシアトルの活動拠点を訪れたことがある。詳細は省くが、企業と組んでの会員サービスや政策提言など、高齢者にかかわる多面的な活動をボランティアに支えられながら組織的に展開していたことがわかった。

リタイアメント・プラニング・プログラムズは、こうした活動のなかのほんの一つで、文字通り退職後の人生をどう計画していくかというノウハウを提案する仕組みだ。「リタイア後は○○したらいい」などという単純な話ではない。

アメリカはご存じのように転職も一般的で、リタイアのかたちも多様である。そのなかで「成功するリタイアの方法」として、まず、「なぜリタイアに際して計画が必要なのか」という基本からはじまり、ほんとうにリタイアする準備ができているのかを、具体的な問題に照らし合わせて高齢者自らが考察できるような、考え方の仕組みを提案している。そのなかには「配偶者を失った場合のことを考えたことがありますか」といった、厳しい現実的な問いもある。

終の住処のかたち

リタイアに際して具体的に考慮する問題としては、「社会的役割や人間関係」「仕事」「住まいの問題」「財政計画の立案」「不動産に関わる法律上の問題」などについて考える必要があると説く。そして、最終的には「自分はどういう人間なのか」「自分は何をすることでいちばん楽しめるのか」「どのような才能を伸ばしたいのか」を、自分自身に問うことを勧める。

このAARPの考えにならえば、「終の住処のあり方」についても、具体的に考えることができるだろう。大事なのは、あなたがもし終の住処をどうするか多少なりとも迷ったとき、考える道筋をまずは整理することだ。

わかりやすい道筋を示そう。終の住処を住まいのかたちから見た場合、「だれと住むか」「どこに住むか」「どんな家に住むか」の三つが基準になる。

だれと住むかについては、「一人で住むか、配偶者あるいはパートナーとか、子供たち家族と一緒か」などが考えられる。また、場所については大きく分ければ、「都市か、地方か、田舎かあるいは海外か」となるだろう。

「どんな家か」は、一戸建てかマンションか、などという家のかたちだけではなく、「所有するか、しないか」が大きな分かれ目になる。「所有する」なかには「新たに購入する(建てる)」、あるいは「買い換える」というものがある。所有しないとなれば、借りるか、だれかの家に同居する、あるいはホテル住まいというのもある。有料老人ホームは、家そのものは所有はしないが権利を買っていると考えられる。

もう少し細かく見ると、所有のなかにリバースモーゲージという方法もある。これは、不動産の所有者が自治体などと契約をして、不動産を担保にして生前に定期的に一定額を受け取り、死後、所有権は自治体に移るというもの。不動産を相続させたい人間もとくにいないので、生前にその価値を享受しておこうという合理的な仕組みではある。

また、家を建てるなかに、コーポラティブ・ハウスのように「協同で建てる」といった方法もある。以前テレビのノンフィクション番組でみた例が興味深かった。かつて大阪のバス会社で働いていた女性の車掌さんたち一五人が、三〇年後に退職したらみんなで一緒にマンションを建てて暮らそうと約束して、それを実現してしまったという話だ。この場合は協同で〝マンション〟を建て、その一つひとつには家族と住んだり、あるいは一人で住みながら、全体としては仲のいい友人たちと協同で暮らすというユニークなかたちだ。

独身女性のなかで、将来結婚するつもりはないが、最後は同じような境遇にある友人たちと協同で暮らしたいという意見を聞いたことがある。結婚だ、愛だというのが、どこか煩わしく思える人もいるだろう。こういう終の住処のかたちもあっていい。

だれと住むか、どこで住むか、どういう家に住むか、という住まいのかたちを考えるのと同時に、一方で、どのかたちにせよ、問題にしなくてはならないことがある。個々人が抱える共通課題である。それらは何かというと、AARPのノウハウを参考に日本的に考えるなら、「仕事」「学習・レジャー」「健康」「家族」「友人たちやコミュニティー」「財政問題」「相続などの問題」となる。これらを一つずつ細かく見ると、次のようなことが検討課題になる。

■**仕事**……リタイアといっても、まだ完全に社会から退くのではなく、なにか仕事を続けるのかどうか。

■**学習・レジャー**……まだこれから学びたいことがあるのか、どんなレジャーをこれから楽しもうとしているのか。

■**健康**……自分の健康状態はどうか、それを考えたときに、制約されるものはあるのか、健康を維持するためにどうするのか、したいのか。

■**家族**……親や子供、配偶者といった家族との関係をどうとらえるのか。たとえば近くにいたいと思うのか、それぞれ独立したほうがいいのか。

■**友人たちやコミュニティー**……これまでの友人との交友関係、コミュニティーとの関係を重要なものとしてとらえるかどうか。

■**財政問題**……年金や預貯金などを考慮して、自分が経済的にはどの程度の暮らしが可能かどうか。

■**相続などの問題**……財産があれば、それを子供らに相続させるかどうか。どのように遺産を残すかなど。

住まいのかたちをなんとなくでも頭の片隅に置きながら、以上の項目について検討していくうちに、自分の置かれている状況と、自分が何をしたいかがかなり客観的に把握できるはずだ。さらに何を最優先にするライフスタイルなのかを確認できれば、住まいのかたちもおぼろげながら見えてくるのではないだろうか。

こうしたことを念頭に置きながら、次章から、個々の計画ではうまくいかなかった人の例を含めて、その最後の「暮らし」のあり方を、家と住まいを中心に見ていくことにしたい。その結果、この人はどうしてそういう選択や考え方をもつに至ったのか、そして、この人の住まいや暮らし方から何を参考とするかなどを「考察」としてまとめてみた。あわせて、あなた自身の立場と比べながら考えていただければと思う。

2 好きなまちに住んでみようか

めずらしくない終の住処探し

定年後、あるいは老後の暮らしもずいぶん変わってきた。昭和の時代までは、たとえばサラリーマンなら、定年後はようやく払い終えたマイホームに落ち着いて、庭いじりでもしようかといった暮らしが一般的だった。二世代で暮らすという大家族もいたし、子供が家を出たあとは夫婦でゆっくりと、自宅でくつろぐというのが自然なことで、これからどこか遠くへ引っ越そうなどというのはまず考えられなかったろう。

それが、いまでは中高年もずいぶんと身軽になり、リタイア後に住処を替えることはめずらしいことではなくなった。仕方なく故郷に帰って家督を継ぐとかではなく、積極的に終の住処を探しに出て行くというライフスタイルだ。よく言われるのが、都会を離れた田舎暮らしだ。ほんとうに、田舎に入り込んで畑を耕す生活をする人もいるし、ここ二〇年ぐらいをみると、かつての別荘地(首都圏なら伊豆や富士山麓、軽井沢など)に定住する傾向も顕著に見られる。

いずれにせよ、自ら思い描くライフスタイルを実践しようと、前向きに新天地を求めている。そのなかには理想と現実のちがいにぶつかって退散する例もあるが、それらは少なくとももっと面白いものがあるかもしれないと、自分で決めた選択の結果である。

これから紹介するのは、そうした夢をもって、「好きなところに住んでみよう」と、長年住み慣れた土地を離れて北海道へ移住した二組の夫妻の話である。年老いて北海道？　そう思う人もいるだろう。それも、一般的には工業都市として知られる室蘭である。どうしてそういうことになったのだろうか。

好きなところに住むチャレンジ精神

「あと何年生きられるかわからないし、一度は好きなところに住んでみよう」

藤田保さん（仮名）と佳枝さん（仮名）の夫妻はそう思って〝国内移住〟を決めた。「好きなところに住む」。なかなかいい言葉だ。仕事の都合、家族の都合、経済的な事情、そのほかいろいろな制約があるからたいていの人はそう簡単には好きなところに住めない。

好きなところに住むというのは、実際に住もうというチャレンジ精神があっての話である。

兵庫県に自宅を構えていた藤田さん夫妻が移住先に選んだのは、北海道の南西部にある室蘭市だった。明治五年に外国との貿易のため開港し、それ以来、製鉄、製鋼、造船といった重工業の都市として発展してきた鉄のまちである。しかし、こうした産業が合理化されるなかで、人口は減少していき、かつて最大で一八万人ほどもいた人口は現在、一〇万人を切るまでになった、というのが、一般的な室蘭市の概要で、知らない人が想像すればなんとなく衰退したかつての工業都市になると思う。しかし、それはあくまで教科書的な理解の一面であり、実際このまちを訪れてみれば、自然やまちや人びとについてその魅力を含めてもっと多面的に理解されるはずである。

北海道では歴史あるこの港湾都市に藤田さん夫妻が引っ越してきたのが二〇〇七年五月のこと。室蘭のまちは、室蘭港を東から西にカギ型に抱き込むようにして太平洋に突き出た絵鞆半島のなかにJR室蘭駅があり、この周辺がかつて中心街だったが、交通の便のいい半島の付け根の東室蘭駅周辺の中島地区がいまでは都市としてもっともにぎわっている。

この中島地区に分譲された宅地の一角に藤田さん夫妻は引っ越してきた。

北海道へのあこがれ

私が室蘭で夫妻に会ったのは、それから一年が経ったころだった。二人の話を聞きはじめてすぐに、言葉のアクセントが関西弁であることに気づいた。あまり北海道では聞くことのないアクセントで話す二人が、どうして遠く北海道の室蘭に来るようになったのか。親戚でもいるのだろうかと思ったが、そうではないらしい。

「どうして寒いところへ来られたんですか」

と、率直にきいてみた。すると佳枝さんが、

「暑いの嫌いですの」と、ひと言。

一般的に歳をとれば高血圧など健康上の理由からも寒いところは避けたいところで、アメリカでも昔からフロリダ半島やハワイは高齢者たちに人気がある。しかし、暑いのは耐えられないという人は、寒さが耐えられないのと同じようにいる。とくに日本の梅雨時のようなじめっとした、湿気の多い暑さを嫌う人が多い。

この点、北海道には夏の暑さはあっても梅雨のような湿った暑さがないからいいのだろう。藤田さんも鬱陶しい夏が嫌いだったようで、また、以前から気候と景色が気に入っていたので、北海道へのあこがれはあった。

「神戸でもどこでも繁華街は、人がぎっしりでしょ。ボヤッとしてたら歩いていてもぶつかるくらいで。でもここへ来たら人が少ないでしょ。それがいいなあって。旅行で登別温泉なんかに泊まって、シャトルバスで札幌(空港)へ行くときも、外を見るといい景色で、ああ、こん

なところ住みたいなって思って、だいたいそれがそもそものきっかけです」

夫婦は、あるとき「定年後に住みやすいところとは?」といった内容のテレビ番組を見て、インターネットで北海道の白老町などについて調べはじめた。すると、北海道ではいくつかの自治体で移住者を積極的に受け入れているのがわかった。

実は、道内では、団塊世代を中心とした移住者の受け入れに積極的な市町村が、二〇〇五年に「北海道移住促進協議会」を設立していた。これには七八市町村が加盟し、協同で移住促進の運動をするとともに、移住に関連したビジネスを創出することを目的としている。加盟している市町村は、北海道の魅力を発信したり移住体験の場を提供するのに加え、移住相談窓口を設置して、就農や就業の支援活動もおこなっている。移住したいという希望が自治体の窓口に届けば、「移住相談ワンストップ窓口」の担当者がいろいろ便宜を図ってくれることになっている。

⌂移住候補地を見学

こうした受け入れ側の態勢がしっかりしているなかで、藤田さん夫妻はまず、伊達市に注目した。ときおりテレビでも紹介されるこのまちは、「北の湘南」とも呼ばれ、海に面していて北海道のなかでは雪も少なく、比較的穏やかな気候に包まれている。

藤田さんは、同市が豊かな自然環境のなかに建設を促進する「優良田園住宅」という構想に興味をもった。そこでさっそく二〇〇六年の秋に伊達市をはじめ、近隣の室蘭市、そして登別市の三ヵ所を一週間かけて移住候補地として見学に行った。

「市役所の方がみんな案内してくれて、ものすごく親切なんです」と佳枝さんは言う。

移住を決めた藤田さんは、候補地を伊達市と室蘭市にしぼった。藤田さんが見た住宅地では、それぞれに惹かれるところと短所があった。景色や気候については伊達のほうがいいし、候補として考えた宅地も一五〇坪くらいあって価格も手ごろだった。せっかく北海道に住むのだから広いところがいいという希望はあった。これに対して室蘭で気に入った宅地は、繁華街まで歩いていけるくらい交通の便がいいところで、買い物などには便利だった。都市ガスや上下水道が完備され、総合病院も近くにある。

同じ室蘭市内で、八丁平という高台の分譲地も紹介された。そこは眺めもよく価格も手ごろだったが、買い物が不便な点が気になった。とくに佳枝さんにとっては、夫が車を運転してくれるうちはいいが、それができなくなったときを想像すると徒歩での生活を優先したかった。

「見晴らしもよくないし、北海道らしくないし、土地も広くないし……と思ったけれど、案外便利がいいし、スーパーがあって、病院も近くで……」と藤田さん。自然環境としては北海道にはあこがれているが、生活のスタイルとしては田舎ではなく都市的なものを優先するというのが夫妻の考えだった。

最終的に夫妻の新居となった家は、まだ売り出されて間もない建築条件付の分譲地だった。といっても新たに山を開発したようなところではなく、もともとは企業の社宅があったところだけに、ある程度生活環境は整っていた。室蘭市内では宅地としてもっとも価格が高いといえる地域でおよそ坪一〇万円。この一画に六三坪で、木造二階建て4LDKの家を建てた。家のつくりはほとんど業者にお任せで、何種類かの基本的なパターンのなかから選んで設計した。市役所が介在しての計画だったので安心して任せることができた。

「夢をなくしたらダメ」

藤田さんは島根県の生まれで、佳枝さんは大阪生まれ。結婚してからは京都、大阪、神戸とずっと関西地区で暮らし、室蘭に来る直前までは二〇年以上兵庫県三田市で暮らした。藤田さんは海運関係の会社にいて、陸上が半分、船に乗っているのが半分という生活を送ってきた。海外にも出かけ最後は南米からヨーロッパへ果物を運ぶ船に乗った。

内外のあちこちの港に立ち寄った経験があり、若いころは室蘭へも来たことがある。また、佳枝さんの父親は札幌の出身だというから、少なからず北海道との縁はあった。

「このままの平和で安全な暮らしがなんだかむなしくなってきたというか、夢をなくしたらダメだと思って。新しいものを目指して生きる力があったほうがいいと思いました」と、佳枝さんは、移住への動機を語る。

三年くらい前から移住の計画を立てて、考えたあげくたどり着いたのが北海道だった。自宅を売却して、住民票も移して完全に室蘭市民となった。

「それはすごい冒険でしたよ」

と、佳枝さんは強調する。友人たちは藤田さんから北海道へ移住すると聞かされて、驚くと同時に大反対した。兄弟、姉妹も同じ反応だった。

「関西には友だちもいっぱいいるし、北海道だとなかなか会えないし、それを考えると寂しかった」と、佳枝さんは言う。しかし、「元気なうちに、好きなところへ」という気持ちのほうが勝った。夫妻には子供はいない。もちろん一人になったときのことは考える。

「家族間の殺人事件とかもあるし、子供を養子にするのもむずかしくなってきましたね。今は子供に頼る時代ではなくなりましたね。親戚にも頼れないし、自立できるようにならなくては」と佳枝さん。藤田さんも同じ考えだ。

「先のことは考えない。そうしたら何もできない。いつどうなるかわからないし。一人になったときにその先は自分で考える。いま高齢者の専用マンションとかもあるし、元気なうちはここで過ごして。旅行やゴルフをしていきたい」

⌂室蘭がふるさとに

室蘭での生活は、少々心配だった冬も無事越して一年になった。

「冬の寒さはそれほどではなくてちょうどいい。北海道の家は寒くないし灯油代はかかって月に三万円くらい。雪はこの冬多く降ったのは一回で、七〇、八〇センチくらい積もったくらい。玄関前は雪を自分で除いてやって、住宅街のなかは自然となくなっていくくらいでしたね。それに近所の人も手伝ってくれたりして、ありがたかったですね」

と、近隣の人情に触れて満足そうだった。新しい分譲地ということもあってか、住民たちも地元の人たちばかりではなく、なかには九州や仙台、静岡出身の人もいる。藤田さんたちと同じように定年後に家を建てた年配者もいることがわかった。ときどき北海道の言葉が聞き取れないことがあるという。あとは、もし不満をいうなら、デパートで家具を頼んだのになかなか来なかったりしたことくらいか。

藤田さんは毎日近くの知利別公園を散歩する。高台にあるその公園からは、室蘭港や登別が見渡せる。同年配の人とそこでよく出会う。佳枝さんは家の片付けをつづけ、買い物に出たりする。たまに都会の空気が吸いたくなったら札幌へ行く。週に二回は外食もする。

北海道の家は、本州などの一般的な戸建て住宅とちがって、どこも門扉や石垣がないオープンなところがとてもおもしろいと感じている。

「めずらしいことばっかりで、一日が過ぎるのがはやい。霧がかかったりしてもめずらしい風景が見られるし」と藤田さんが言えば、

「風で雪がぱーっと飛ぶんです。そんなんもおもしろくて、毎日飽きないです」と佳枝さんも顔をほころばす。

室蘭の沖の噴火湾（内浦湾）では、クジラやシャチを船から観察する、いわゆるホエール・ウォッチングがおこなわれているが、まだ藤田さんたちはこうした活動について知らなかったようなので、内容を伝えると、「ホエール・ウォッチングも行きたいな」と、佳枝さんは興味を示した。新しい経験ばかりだという夫妻にとっては、日々を重ねることで、いつしかこの地が何番目かのふるさとになるのかもしれない。

考察

夫婦で共有した価値感

藤田さん夫妻は思い切って、これまで経験したことのなかった暮らしに夢をもって挑戦した。藤田さんには、外国航路での勤務などからさまざまな場所を訪れた経験があり、移動することに抵抗がない。一方、佳枝さんは北海道に血縁もあり、なじみがあったことも室蘭への移住を可能にした。また、子供がいないこともあって、自分たちのことは自分たちでできるだけ解決していくという方針で、自由と自己責任というのをしっかり確認している。決めたら周囲に相談しないことも時には重要だろう。

暮らしの場所としては、広々とした北海道を選んだが、そのなかでは生活に便利で、病院などへのアクセスもいいという点を優先して都市部に住まいを構えた。孤立することなく、近隣とのつきあいも自然におこなっていこうという考えだ。都会に比べれば不便なことはあるが、それは札幌へときどき出かけることで補っている。

新しい土地への好奇心が旺盛で、地域の自然や文化を積極的に楽しんでいこうという姿勢があるからこそうまくいっているし、なにより夫婦で新しい土地を楽しむという価値観を共有しているから強い。

考え方のプロセスを示したチャートに沿ってみると、家族との関係という点では非常に良好で、これまでの関係を堅持している。また神戸の住まいを処分して、年金も受給していることから家計に余裕はあるほうではないか。年齢からすれば健康には不安がないとはいえない。仕事はする必要もないし、する予定もない。これらから、「4」「家族と相談して自由に住まいを決める。海外など新天地を求めるかどうか」となる。

3 老後の挑戦で偶然見つけた、家族のかたち

都心で売られた田舎の宅地

藤田さん夫妻にインタビューをするよりはるか一八年前に出会った香田隆（仮名）さん、洋子（同）さん夫妻の場合は、同じ北海道への移住者であっても少し藤田さんとは事情がちがった。都会の喧噪を離れて暮らそうという意図に加えて、これまでの家族関係を見直すという意味が含まれていた。しかし、思いがけぬ地元の人との出会いも生まれて、生活に彩りが添えられる。新天地に飛び込んだからこその体験だった。

香田さんとの出会いのきっかけをまず説明したい。一八年前、私はある月刊誌で、日本各地の海沿いのまちに展開する「物語」をルポルタージュとして連載した。とらえた事象は、その時代の日本の一断面でもあった。バブル経済がはじけようとしていたころで、まだ、ソビエトが崩壊する前のことだった。新潟港からソビエトの貨物船が大量の日本の中古車を自国へ搬送する話からはじまって、いまはなき長崎のテーマパーク、オランダ村が誕生した舞台裏や、ま

ぼろしと化した敦賀から韓国へのフェリー計画、華々しい大プロジェクトだった瀬戸大橋建設の陰で生活を疲弊させられた人びと、ホタテ漁の活況で若者が帰ってきた青森の陸奥湾など、人と地域の今日的な事情を追ってみた。

そのなかの一つが室蘭市による市有分譲地の販売だった。当時、同市の職員有志が、わざわざ都心の銀座や新橋まで出向いて「室蘭の宅地はいかが」とばかりにチラシをまいたのだ。それが全国紙にも取り上げられて、ちょっとした話題となり都内のホテルで開かれた宅地分譲説明会は大盛況となった。

外車一台買う感覚で室蘭市の宅地が購入できてしまうということは、喜んでいいのか悪いのかわからないところも同市職員のなかにあったが、それを承知でのいわば地方からのチャレンジでもあった。

「スキーをしたり、ゴルフをしたり、釣りをしたり、それで家ももてる。ぼくらがおもしろい生活ができるのも安い土地があるから。それが東京では、坪何百万円。どうみてもおかしい。そういう時代状況を告発したかった」

当時、同市の財政課主査だった横道不二夫さん（現納税課長）は、いみじくもこう話していた。全国区でピーアールできた作戦の効果は覿面だった。私がこの分譲作戦を取材したころは、バブル経済による地価の高騰はまだ沈静化しきってはいなかった。一生家なんてもてないという諦観が広がる一方で、地価上昇のおかげでにわかにニューリッチ層(土地成金)が出現する。室蘭の宅地、坪数万円は、前者には将来のマイホームの手がかりとして、また後者には手軽なセカンドハウス用として魅力的に映ったようだった。

「離れないのはストレスがないから」

このとき、私は室蘭を訪れる人たちと彼らを案内する市の職員を追って、市内を動き回った。すると、もうすでにこの分譲地に首都圏から移り住んでいる夫婦がいると教えられた。それが、当時六三歳の香田さんと六歳年下の妻洋子さん夫妻だった。香田さん夫妻は高台の新興住宅地に家を建てて暮らし始めたばかりだった。私が最初に訪れたときは、まだ家もまばらで、そのなかに北欧風のしゃれた木造の二階家に夫妻は暮らしていた。

初対面の香田さんは、都会的で教養もあるやさしい紳士という印象だった。室蘭に来るまでは神奈川県の鎌倉市の自宅で暮らしていた。

「こう言ってはなんですが、過疎のまちというのが、気に入りました。つまり成長の論理が善というのがおかしいと思うんです。……鎌倉には愛着はある。しかし、もうふるさととは感じなくなってしまった」

まだバブルの記憶が新しいこのとき、土地が投機の対象となって、乱開発が進んでいく首都圏に対して彼は批判的な目をもっていた。このときはこれ以上深く香田さんと話すことはなかった。しかし、それから二年半後、私は「老後の生活のひとつの挑戦」というテーマの取材で再び香田さん夫妻を訪ねた。季節は三月中ごろ、香田さん宅がある八丁平は、真新しい家の間を二〇〜三〇センチの雪が埋めていた。

戦時中は飛行場予定地だった八丁平は、新たに移り住む人たちが新築する家々がかたちを現していた。そのなかで、香田さんの新居は坪約五万円の土地一〇〇坪に延べ床面積三六坪の二階建て。寒冷地仕様の家屋の建築費は、坪八〇万円というだけあって、窓枠やドアなどのつくりがしっかりしていて、木材を使った焦げ茶色の外壁も趣があった。

都内で小さな会社を経営していた香田さんが、遠く室蘭まで来た理由は、いままでの生活との切り替えをはっきりさせるためだった。しかし、当初は「ここが終の住処となるかどうかはわからない」と感じていたし、室蘭行きには賛成だった妻が「しばらくしたら鎌倉へ帰りたいと思うかもしれない」という予想もあった。だから鎌倉の家は処分せず、住民票もそのままにしておいた。

「静岡生まれで、鎌倉暮らしの私にはここで暮らすのは挑戦でもあります」

こう話していた香田さんは、まずは二度の冬を越してみようと決めた。そして、実際二年半

がたってみると、

「やあ、もっと早くに室蘭に来ているべきでした」

と、元気そのものだった。

「働いている方には申し訳ありませんが、今年は雪が多くて、なんともあたり一面美しかった。春が来なくてもいいくらいです」ともいう。

よほど生活が充実していたのか、この間北欧風の家の裏に、さらに六〇坪の土地を買って、2LDKの二階家を建て増しした。ここは香田さんが絵を描いたり、洋子さんがパッチワークなどの作業をするためのアトリエであり、また東京にいる長男、長女たちが来たときはゲストハウスとして使うつもりだった。

窓から噴火湾の向こうに駒ヶ岳を見下ろせる二階には、室蘭に来てから本格的に油絵を描き始めたという香田さんの作品が並んでいた。仕事をしていたころは時間がなかったために押し込められていた趣味へのエネルギーが一気にカンバスに表れたようだった。室蘭に来てから夫妻は、だれにも遠慮せず自由な時間を思うままに過ごそうと試みた。書棚には今まで読めずにためた本をぎっしり詰めた。一方、年間一二万円で畑地を借りてビニールハウスを建て農作業を経験、収穫の楽しみを満喫した。また、これとは別に年間一万二〇〇〇円で一本のリンゴの木を借りた。秋には大きく成った赤い実を夫婦でとって東京の子供たちや知人に送ることができた。

「私がここを離れないのはストレスがないからで、年金生活をし、孤独も怖くなければここはいいところです。（退職して）急に仙人のような生活をしろといっても無理ですが、ここは便利です」

大きな〝誤算〟

香田さんの話を聞いた限り、室蘭での生活は、期待を大きく上回るようだった。基本的に計画していたライフスタイルは実現できた。しかし、ひとつ大きな〝誤算〟があった。それは結果としてうれしい誤算であり、彼らの生活にかなりの比重を占めるようになった。

当初、室蘭では必要以上の人間関係をつくらないようにすると決めていた。都会で感じた人間関係の煩わしさや摩擦を避けるためだ。ところがすでに隣に新居を構えていた一家と、どんどん親しくなってしまったのだ。

この一家は当時三〇代の夫婦と九歳の女の子がいる三人家族で、気軽に香田さん夫妻に声をかけてきた。食事やお茶に誘ってくれたりするので、すっかり互いにうち解けた。香田さん夫妻が隣人とのつきあいに対して警戒心を解いたのは、なんといっても九歳の女の子の存在があったからだった。私が香田さん宅を訪ねたときにもこの子が「おじいちゃーん」と、隣家から大きな声で呼ぶのが聞こえた。

「私たちが思いのほか、ここに早くとけ込めたのはこの〝北の家族〟のおかげです。われわれが高度経済成長期以来忘れていたようなもの、向田邦子が小説で描くような近所関係を思い出しました」

そんなふうに香田さんは私に語った。また、家族同様につきあっている隣家を「レンタルファミリーです。それも無料の」と、相好を崩した。ほんとうの家族ではないから常に超えられない一線はあるが、逆にそれだからこそうまくいくのだろうとも。

長年両親とともに暮らしてきた香田さんは、最後まで両親と暮らせて幸せだった一方、寝たきりの母親の介護で大変な苦労をした。忍耐や我慢を容認する自分たちの価値観を次世代に求めるのは無理だと判断していた。鎌倉で暮らしていたころ、香田さん夫妻は一度同居の準備をした。結局踏み切らなかったのは、子供たちを愛すればこそだった。

「北海道行きの動機は、要するに老後の家族像を模索した結果だったということに尽きそうです」と、結論づけていた。住民票は鎌倉から室蘭に移して、文字通り室蘭市民となり、鎌倉の家は知人に貸した。香田さんの目はすっかり新たな故郷となった室蘭に向き、頭のなかにはやりたいことがいっぱいつまっていた。

以上が、九三年の春に香田さんを訪れた時点での話である。その後、ときおり香田さんはどうしているかな、などと思い電話か手紙で近況をうかがったことがあったと記憶している。それが、まもなく洋子さんからのお手紙で、香田さんが亡くなられたことを知った。

今回、終の住処についてまとめようと思ったとき、香田さんのことはすぐに頭に浮かんだ。夫妻は私が最後に会って以来どんな生活をしてきたのか、洋子さんは一人でしばらく残っていた、と聞いたが寂しくはなかっただろうかなどと考えていた。

「ほんとうにいいところでした」

「ほんとうに快適でした。隣の人が花壇をつくってくれたり、みんなから思いやってもらったから暮らせました」

すでに鎌倉で暮らす洋子さんは、室蘭での生活を振り返ってこう強調する。夫が亡くなった後も、洋子さんは一〇年ほど一人で室蘭の家に暮らして、鎌倉へときどき戻るという生活をしていた。

「でも、まわりの人が気を遣ってくれて、元気なうちに帰りなさいって言われて、いつどこで線を引こうかなと思っていましたが、七二歳になったらと思いました。離れがたかったですけれど、一人では雪かきもできないし、車を運転できなければ不便だし……」

できることなら暮らしていたいが、室蘭での一人暮らしには限界があり、いまは家族と一緒にまた鎌倉で楽しく暮らしているという。「でも、あそこはほんとうにいいところでした」。洋子さんのこの言葉に、映画「ローマの休日」で、オードリー・ヘップバーン演じるアン王女の台詞を思い出した。

物語の最後に「どこの国がいちばん印象に残りましたか？」と、記者にきかれた王女が、何れの国も……と各国に配慮しながらも、「でもローマです」と、王女という立場を捨ててローマの名をあげてしまうところだ。

一方、香田さんの隣りの一家は、その後もかわらず室蘭市の元の場所で暮らしていた。私は一五年ぶりに八丁平を訪ねてみた。まちの様子や同市の移住政策などについては後述するとして、香田さんが暮らしていた八丁平は、家が建ち並び以前の殺風景な景色は一変していた。

近所付き合いが生活を豊かに

かつての香田さん宅の隣に住むのは藤木聡さん（仮名）と和江さん（同）夫妻で、香田さん夫妻になついていたひとり娘の春香さん（同）はすでに家を出て、いまは夫婦二人だけで暮らしていた。北海道の家らしく、南に駐車場と開放的な庭の広がっている二階家で、建築後十数年がたつが、途中リフォームをしたということもあって明るく清潔感が漂っている。この家から空き地になっているひと区画をおいて、かつて香田さん夫妻が暮らしていた北欧風の家がある。

藤木さんによれば、よそ者である香田さんは、越してきて間もない夏、藤木さん宅を挨拶に訪れた。そのとき応対に出た聡さんは、玄関戸から虫が入るのを避けるため、戸をぴしゃっと閉めて外で香田さんの話を聞いた。これで、香田さんは何か拒絶されたような気持ちを感じてしまったという。

そのあと、和江さんがご飯のおかずになるようなものを単純な好意から香田さん宅に届けた。これに対してあとになってわかったことだが、香田さんはお節介なことをするものだと思ったという。そんなことは藤木さん家族は何も知らないので、今度は、香田宅で飼っている猫を見せてもらおうと母娘で訪ねた。それからしばらくして、あるとき、まだ小学校へ上がる前の春香さんが、なぜか一人で香田さん宅へ行ってトイレを借りた。これがなぜか両家の壁を低くしたらしかった。「香田さんが、『春香ちゃんがうちでウンコをしてくれた』と言って喜んでた」と、藤木さんは当時を思い出し笑った。

藤木さん一家のだれもがごく普通に香田さん夫婦に接してきた。春香さんから見れば香田さんはおじいちゃんであり、最初から家族そろって香田さんをおじいちゃん、洋子さんをおばあちゃんと呼ぶようになった。香田さんのほうもそれでよしとしていた。家に招いたり、招かれたりして一緒に食事をすることもしょっちゅうだった。一緒に旅行にも出かけた。真冬にフェリーに乗って津軽海峡を超え、青森で津軽三味線を聴いたり、紋別郡にある藤木さんの実家を訪ねたこともあった。知らない人がこの五人を見ればまず間違いなく、おじいちゃん、おばあちゃんに若夫婦とその子供という一家族と思っただろう。

香田さんは新しい地で、さまざまなことにチャレンジしていた。空き地で冬に春香ちゃんがスキーをしているのを見ると、スキー道具を買って一緒にやってみる。その延長でニセコまで藤木さんに連れて行ってもらうことにもなった。

自分で家の周りに木製のフェンスをつくったりする。しかし、藤木さんからみると釘の打ち方もよく知らないような素人仕事。それでも道具は一流メーカー。藤木さんは手持ちの安い道具で手直ししてあげた。草を刈ってあげたのも藤木さんだ。北海道の人ならまず植えることのないススキを庭に植えてみたり、これもまた一般の住宅ではめずらしい薪ストーブを自宅に設置したりして、わざわざ薪を買いに出かけたりと、藤木さんから見たらとんちんかんなことを繰り返していた。

「けっこう無謀なことをしていましたね。吹雪の日に出かけていったり、かと思えば、『どこどこ知ってる?』って、自分が開拓してきた目新しいものの話をしてきたり。自慢したかったんでしょうが、私が『知っているよ』っていうと、がっかりしてました」

藤木さんは、香田さんがどんな仕事をしてきた人かとか、どんな肩書きをもっていたのかとか一切知らずにつきあい始めた。和江さんもまったくそんなことは気にもとめなかった。それがおおよそわかったのは、香田さんが亡くなってからだった。葬儀は遺言に基づいて、室蘭の自宅でひっそりとおこなわれた。長男、長女に香田さんの兄がやってきて、親族以外は藤木さん家族三人が参列した。葬儀は藤木さんが取り仕切った。実に簡素なもので一切の宗教的な決めごとはなかった。お坊さんもいない。遺骨をまとめてもち帰ることもなかった。ひとかけら残してあとは処分された。しかし、それは宗教心がないこととはちがった。

「おじいちゃんは、インドにも行ったことがあって、お釈迦さんが焼かれたところのレンガだというものを大事にもっていました」と、藤木さんは言う。

訃報を聞いて、あとになって遠方から友人が訪ねてきたり、たくさんの献花や弔電が主のいなくなった家に届いた。そのなかには有名人の名前もあって、室蘭に来る前の香田さんがどんな人だったのかがおぼろげながらわかった。

「きっと、おじいちゃんたちは、旅行に行ったときだって、私たちと一緒だったからああいうところに泊まったけれど、それまでは泊まったことなんてなかったと思う」

和江さんは、そう振り返った。香田さんが室蘭の病院に入院しようというとき、藤木さんは東京の病院のほうがいろいろ選択肢もあっていいのではないかと助言した。しかし、香田さんは「ここでいい」とはっきりしていた。

香田さん夫妻にとっての室蘭での生活は、今までに経験したことのないような生活と人とのかかわりで、大いなる発見だったといっていい。と同時に、藤木さん一家にとってもあとで思えば、貴重な体験だった。藤木さんは北海道紋別郡の出身で和江さんは室蘭の出身、藤木さんの仕事は地元の公務員だから転勤はとくにない。だから、どこか別の地で暮らすことなど考えたことはなかった。それが、香田さんの生き方をみて、「ああ、こういう生き方もあるのか」と、夫婦で思ったという。すでにひとり娘は埼玉県で暮らしているから、この先当分は夫婦二人の暮らしがつづく。「もっと歳をとったら、娘のところに行くのかしら」。終始にこやかだった和江さんがちょっと首をかしげた。

考察

世俗から、そして家族から距離をおく

北海道へ移住した香田さんにとって生活環境は、望んだとおり申し分のないものだった。働く必要がないこともあるが、自然を積極的に楽しむ姿勢が功を奏したといえる。一方、人間関係については、望んだことではないが隣家と家族同然のつきあいをするようになる。当

初は警戒していた隣人との深い関係は、香田さんの北海道での生活をより充実させていった。

隣家の親子三人との関係は、ほんとうの親子ではないからこそうまくいったとも言えるのか、軽々に判断はできないが、ほんとうの親子であればかたちはちがっていただろう。香田さんのケースで考えさせられるのは、年老いてからどのような親子関係を保っていくべきか、また生活のなかで、人間関係をどう考えるかという点だ。これがうまくいってこそ、望む場所での充実した生活があるといっていい。

チャートに沿って香田さんが室蘭に来る前の時点で考えてみる。まず家族との関係については良好である。ただ、子供との距離感については見直すことを考えたといえる。次に家計については余裕があったし、移住をする時点では健康状態には不安はなかった。

最後に仕事についてだが、移住当初はファックスや電話でのやりとりで多少仕事をしていたようだが、それもほとんどなくなり、地域での生活を満喫していた。そうしてみると、家族を夫婦という単位だけで考えれば、藤田さんと同じ「家族と相談して自由に住まいを決める。海外など新天地を求めるかどうか」（「4」）となる。

しかし、子供たちとの関係を含めた広い家族関係でとらえると「12」の「都市部でも地方でも自由に生活する。別居という形態での暮らしもある」に近い。

4 終の住処のはずが……、夢は消えず

地方都市で暮らす

学生時代に過ごしたまち、あるいは会社員として転勤で滞在したまち。若いころ過ごしたまち……。いい思い出があって、将来はその思い出のまちで暮らそうと考える中高年もいる。また、子供が一時期でも育ったところであれば、成人した彼らにとってもなじみのある場所であり、リタイア後に移住するにしても、子供たちの理解は得られやすい。

一般に、田舎暮らしは無理でも、地方都市での暮らしにはあこがれる、そう思っているリタイア間近の会社員は少なくないのでは。たとえば東京に本社があって、地方に転勤になる。家族一緒に赴任するとなれば、地縁血縁もないところなら、自ずと家族が一致団結してことにあたらなくてはならないので、結束も強まる。

また、中年を過ぎてからは単身赴任というケースが多いが、これはこれでなかなか楽しそうだ。子供も手がかからなくなってひと息つき、一人で地方の生活を満喫する。夜遅く帰っても

嫌味一つ言われることもないし、地方ならではの料理や酒を楽しむこともできる。世間的には辛いふうを装っていても、その内実はというと、悠々自適といったところだ。私の周りを見ても、四〇代後半から五〇代の管理職としての単身赴任は、東京という組織の強い束縛もなく、なんとも自由に見える。料理も得意、マイペースの毎日だというある友人は地方都市でのマンション生活を「自宅居酒屋状態」と表現していた。まことにうらやましい限りである。

このほか、家庭菜園を借りていたり、海辺の都市なら好きな釣りにでかけたりという人もいる。東南アジアに単身赴任していたある知人は、休日にダイビング三昧だったという。こうなればいい思い出が残る。もちろんそれを妻や家族に共有してもらうのは難しいかもしれない。しかし、夫が単身赴任する都市にときどき遊びに出かけるうちにすっかり気に入ったという妻の話もある。

若いころに暮らしたまちにもどる

「住みやすいまちのランキング」を、経済誌などが独自の調査で発表しているが、これは経済力や教育環境を含めての総合的な観点からの評価であり、住みたいまちというのはいま触れたように、きわめて個人の体験などが関係しているので、リタイア後の生活にとっては、必ずしも参考にはならない。

それでも、具体的な都市名をあげて「ここが住みやすい、あそこがいい」という話になると、札幌や金沢、福岡といった地方都市の名前がよくあがる。

都内で長年暮らしていた中村健輔さん、知恵子さん夫妻が移住したのは北海道函館市だった。夫妻は、健輔さんの仕事の関係で若いころ家族で函館に暮らしたことがあった。函館に行ってから、娘が幼稚園に喜んで行くようになったなど、夫妻にとっても函館は居心地のいい場所だった。

私もこれまでに何度か函館は取材で訪れたことがあったが、住みやすそうだなという印象がある。海沿いのレンガ造りの倉庫を改装したビアホールや、旧市街のガス灯の柔らかい光が照らし出す路面電車の線路、あるいは函館山の斜面に点在する古い洋風建築など、風情のある景色が印象に残っている。また、日本でもっとも最初に港を開いた都市の一つとして、いち早く西洋文化を取り入れてきたこの北の町は、和洋ともに食文化も充実している。歳をとるとこうした歴史や文化の薫りには、若いころに比べてはるかに敏感になるのではないだろうか。

とはいっても利便性の確保も重要だ。その点、函館は空港から市内までは三〇分ほどだし、二〇一五年には新幹線も開通する予定になっている。雪はそれほど多くない。函館に若いころ転勤者として暮らしたことがあるという人にはとてもいい印象を与えているようだ。

中村さん一家は、三〇代のころ函館に四年間住んだことがある。そのあと東京に戻ったが、中村さんは定年退職してから独立して健康医療器具の販売をはじめ、この仕事で函館に何度か足を運んだ。そのうち「お父さんを一人にしておかないほうがいい」という娘たちのアドバイスもあって、妻の知恵子さんもビジネスに同行するようになり、函館に住もうということになった。

その背景には、一つには娘たち家族との関係があった。

「孫たちも大きくなって、あまりそばにいて娘や孫に口を出してはいけない。生活のペースを乱してもいけない。それで距離を置いたほうがいいと思いまして」と、知恵子さんは話す。

もちろん移住に際しては積極的な姿勢がある。

「だいたい私たちは一〇年単位で引っ越しをしてきましたから」と、彼女が言うように、住居をかえることにあまり抵抗はない。函館への移住を決めたときは、娘たちには相談はしなかった。行く直前になって決定したことを伝えた。しかし、子供時代を過ごした函館については印象がよかったこともあってとくに反対することはなかった。

ＪＲ函館駅から歩いて五分の所にある、高齢者向け優良賃貸住宅（高優賃）と呼ばれる賃貸マンションを借りた。高優賃とは、「高齢者の居住の安定確保に関する法律」に基づいて、民間の土地所有者等がバリアフリー仕様や緊急通報装置の設置など一定の整備基準を満たして供給する高齢者向けの優良な賃貸住宅のことをいう。国や地方自治体が建設費と家賃について一部補助をおこなっている。高優賃に入居できるのは、原則として六〇歳以上の単身、または夫婦で、自立した生活ができることが条件だ。中村さんが借りた高優賃は、交通の便がよく、窓からは函館山や港を見ることができた。

夫婦そろって太極拳に親しんできたことで、函館に来てからも太極拳を通じて友人ができたほか、中村さんは俳句も始めた。きっかけは飲み屋で知り合った人から勧められたというから、すっかり地元にとけ込んでいた。このほか、絵画やコーラスの会などに入り友人をつくった。「函館は文化活動が盛んで、発表する機会にも恵まれているので、色々なことができる」というのが感想だ。文化活動だけでなく、土地にゆとりのある北海道ならではの活動もしている。菜園を借りて黒豆などをつくって、薪割りも経験した。

一方、健康医療器具の販売の仕事も少しずつ軌道にのってきて函館生活も慣れ、移住アドバイザーのボランティア活動にも携わることになった。移住促進策の一環として函館市では、定住化サポートセンターを設けている。こうした事業に中村さん夫妻は協力して、東京からの移住の経験をもとに、これから移住しようという人たちへのアドバイスをすることになっていた。また、移住者の交流会もでき、会合には五〇人くらいが参加していた。

⌂夢の頓挫

「私の終の住処の夢は、女仙人のようにして暮らすこと。函館の近くの田舎で太極拳をやる道場を開いてみたいです。そういう夢をやっと語れるようになって……」と、知恵子さんは言うが、残念ながらこの夢は頓挫せざるをえなくなった。

というのは、中村さん夫妻は、九二歳になる健輔さんの母親の介護のために、函館を去らなければならなくなったからだ。私が、函館市内のホテルで夫妻に会ったその日、夫妻はこれまで暮らしていた賃貸マンションを引き払って、函館市内のホテルに宿泊し、あとは神奈川県内に引っ越すばかりだった。

中村さん自身七〇歳を超え、知恵子さんも六〇代後半だという年齢からすれば、まさに老老介護になるかもしれない。

中村さんの母親は六〇代で認知症がはじまり体も弱ってきたため、二人で面倒を見てきたが、ある程度回復すると、元気になった母親を今度は妹たちが面倒をみていた。しかしその介護なども行き詰まったため、中村さんも介護の一員として戻ることになったのだ。やっと函館暮らしも地に着いて、これから活動の幅を広げようという矢先だったので、正直言えば、夫妻は神奈川県に行くのは残念で仕方がなかった。

しかし、結論としては、「最後のおつとめをするべきでしょう」と心に決めた。中村さんとしては実の母の面倒を最後はしっかりみるというのがつとめに感じられた。趣味を通じて函館で知り合った人たちからも「しっかりおつとめをして、また機会があったら帰ってきてください」と言われた。

「七年間、ものすごくよかった」と、知恵子さんが言葉を強めると、中村さんも、「東京じゃ考えられない」と、うなずいた。

介護の現実を含めて、自分たちの置かれている状況を、余すところなく語ってくれた知恵子さんは、私との別れ際に、「これで、ほっとした。かえって整理がついたような気がした」と、さっぱりとした顔つきをした。終の住処だと思った函館を離れることになったが、首都圏にいても、移住者を函館に送り込むためのサポーターになってほしいと言われている。おそらく元気な中村さんのことだ、函館とのパイプはつなぎとめ、やがて終の住処への再挑戦があるかもしれない。

考察 仕事をつづけて、なじみの場所での新生活

中村さん夫妻は、住まいをかえることにそれほど抵抗がなかったという点が、まず東京か

ら函館への移住を可能にした。函館には、かつて暮らしていたことや定年後の仕事でも関係があったので、スムーズに移ることができたといえる。

さらに自営の仕事を続けていたので、仕事を通してのつながりもあったという点では、多面的に人とかかわることができた。かつては定年退職後は、仕事を完全に離れて家でのんびり庭いじりでも、といったスタイルはよく見られたが、高齢化が進むと同時に六〇歳以後も働く必要がある、あるいは働きたいというのが一般的になってきた。

アメリカでも、九〇年代の初めには、定年になった場合でもその後およそ三分の一の人がなんらかの仕事についていると、全米退職者協会（AARP）ではまとめていた。同協会は「アメリカン・アソシエーション・オブ・リタイアメント・パーソンズ」が正式名称だが、この名前がリタイアした高齢者の団体をイメージするのは、会員の実態にそぐわないという意見から、リタイアメントという言葉はできるだけ使わずにたんにAARPと言い表すようにしているという。

いまや高齢者＝リタイアメントではなく、AAPRでは「トランジット＝移行期」だととらえている。働くことも定年後の暮らしのスタイルに含まれているのだ。中村さんの仕事をしながらの「定年後の移住生活」というのは、働きたいという気持ちをもつ高齢者にとっても一つのヒントになるだろう。

中村さんは、最終的にはこれから移住する人たちへのアドバイザーになろうというくらいだったので、すっかりなじんだと言える。まちなかを離れればすぐに自然が豊富な生活にも魅力を感じていた。また、年老いてから子供たちとどう良好な関係を保っていくかということも考えてきた。

中村さんは父親の介護のため、自らの移住生活を中断させて、親元近くへ戻った。残念だという思いはあったろうが悔いのない選択となるはずだ。老老介護がもはやめずらしくない状況のなかで、終の住処についての計画も、変更しなくてはならないことがある。しかし、それは逆に見れば、長くなった老後のなかで、自分たちが自由な選択をおこなえるうちは、実行に移したほうがいいということではないか。

チャートに沿って見ると「家族との関係」が多少複雑になる。家計については、自宅を処分するなどで函館の生活をするうえでは余裕はあり、健康状態にも不安はない。仕事については、自営の仕事をそのまま続けていくのが希望だった。したがって、夫婦だけで家族を考えれば「3」の「仕事との関係さえ許せば好きなところへ。都会でないとできない仕事かどうか考える」に相当する。

しかし、それ以外の家族との関係を考えた場合、「11」の「家族との距離を置きながら、好きな仕事の可能性を探る」となる。

5 “北の湘南”というまちも……

移住者誘致に積極的な北海道

室蘭と函館での移住例を紹介したが、遠く離れた地方の自治体で暮らそうというなら、そのまちのことをよく知る必要があるのはいうまでもない。地方はたいていの自治体で過疎化の問題を抱えている。なんとか人口流出を防ぐ策をとると同時に、いま多くの地方自治体が積極的に、「住民になりませんか」と呼びかけている。

子供のいる世帯がなんといっても歓迎されるが、団塊の世代などに対しても、地方が「わがまちへ来ませんか」と、移住促進策をとっている。〇七年には、こうした動きを受けて国（総務省）、地方自治体、企業が共同参画した「移住・交流促進機構」が発足した。都市から地方への移住・交流を促すことによって、人口減少などで悩む地方の活性化と、これにともなって期待される建築、観光などのビジネスチャンスを広げようというのがねらいだ。

具体的には、移住・交流を希望する人のために、地方自治体などが用意している情報を発信

北海道道央道南エリア

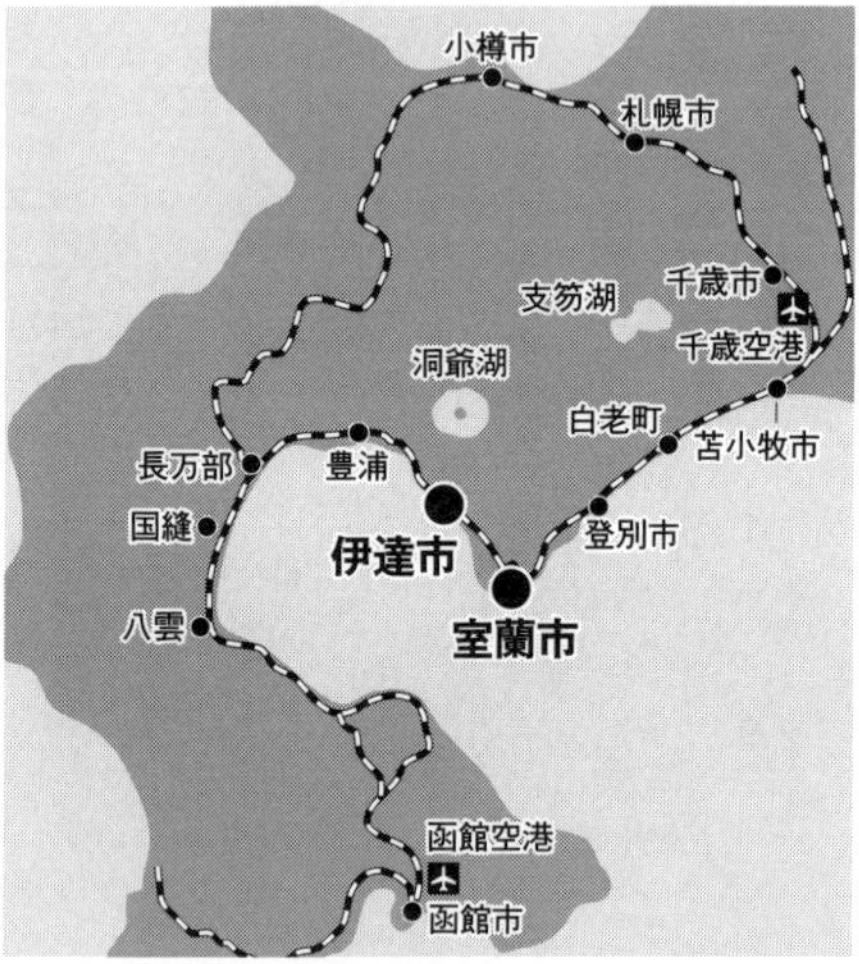

したり、自治体や企業間のネットワークを組織するなどして、支援活動をするというものだ。人が増えれば活力が生まれ、同時になにがしかのビジネスチャンスは生まれることは確かであり、団塊の世代の大量退職をきっかけに、官民挙げて移住・交流を後押ししている。自治体によっては、空き家情報を発信したり、不動産を取得したり・修理するさいの便宜をはかってくれるところもある。また、就労情報も提供している。

これらのなかで北海道は数から見ても移住者誘致に積極的だ。平成七（一九九五）年の調査以降、北海道全体では総人口が減少して、これにともなう過疎化によって地域の活力が低下。一方、団塊の世代が定年を迎えて、大量の退職者が生じる。そこで彼らを誘致しようという施策がでてきた。

⌂室蘭市の場合

藤井さんや香田さんが移住した室蘭市はその一例に過ぎないが、ここではどんな移住促進のピーアールをしているかをまとめてみたい。地方への移住を検討する際に、どういう点がポイントになるか目安になるだろう。室蘭とその西隣にあって移住促進策では全国的にも話題になった伊達市について、独自の取り組み方を紹介したい。

室蘭市の場合、北海道にしては気候がそれほど厳しくない。〇七年の最高気温は三〇・九度で最低はマイナス五・八度。また、雪はこの年の最深積雪をみると一六センチメートルと少ない。交通の便をみると、札幌まで道央自動車道を経由して約一時間三〇分、新千歳空港までは約一時間だ。

宅地の値段を見てみよう。香田さんが暮らした郊外の高台である八丁平は一坪約五万円、中心部の住宅地である藤木さんが暮らすあたりでは坪約一〇万円だ。生活環境としてはスーパーやショッピングモールなどこの規模の都市としては相応の商業施設がある。五〇〇近い団体による生涯学習活動が市内でおこなわれ、市民団体による公開講座なども開かれている。文化・スポーツ関係の施設としては、コンサートなどを開く二つのホールがあり、温水プールやスキー場、スケートリンク、パークゴルフ場がととのっている。医療機関としてはこの規模の人口にしては充実していて三つの総合病院がある。

工業都市というイメージがあまりにも強いが、変化に富んだ自然も自慢だ。断崖絶壁がつづく地球岬や金屏風といった海沿いの景勝地。一方、イタンキ浜というビーチでは海水浴やサーフィンも楽しめる。九一一メートルの室蘭岳には一年中登山者が訪れる。マリーナから出る船で釣りを楽しんだり、シャチやイルカやクジラといった海洋生物を眺めるというワイルドな楽しみもある。こうしたポイントを強調して、同市は道外の人たちに室蘭の魅力を訴えている。

伊達市の場合

伊達市については、その施策はメディアでも何度か紹介されてきたので、ご存じの方も多いのではないだろうか。市内に知的障害者総合援護施設「道立太陽の園」もあり、知的障害者を地域のなかで広く受け入れるという福祉のまちとして知られていた。

また、高齢者に対しても暮らしやすいまち作りを官民あげて推進していることでも知られ、移住者に人気の〝北のまち〟としてメディアで取り上げられてきた。実際、平成一一年度から同二〇年度までの伊達市での転入者と、転出者の統計を見ると、転入者の数が上回っていることがわかる。その差は最近は二桁で少ないが、多いときには二〇〇人以上で、一〇年間で一〇五二人のプラスだ。地方の自治体では異色だといえる。

こうしたまちの実態を詳しく教えてもらおうと、伊達市を訪ねてみた。室蘭から海沿いに鉄道で四〇分、JRの伊達紋別駅に降り立ったときは、素晴らしい初夏の青空が広がっていた。伊達市は明治三（一八七〇）年に、仙台藩一門亘理伊達家領主の伊達邦成とその家臣・領民たちが集団で移住をして開拓した。市役所に行く途中目にする通りは歴史街道と名付けられ、蔵をイメージした白い外壁と黒い瓦屋根が形づくる建物が並ぶ。

海岸線から離れるほどになだらかに平地が広がっていて、信州安曇野あたりの高原を思わせるような清々しさがある。坂が少なく自転車で往き来できるというのも、高齢者には生活しやすいようだ。また、背後には有珠山、昭和新山、そして洞爺湖を控えている。新千歳空港までは高速道路を利用して一時間一五分、鉄道では一時間一〇分。市役所で対応してくれたのは、「住んでみたいまちづくり課」の若い中澤篤さんで、説明は簡潔だった。

伊達市では「伊達ウェルシーランド構想」というプロジェクトがある。「少子高齢化が進む中で、高齢者が安心・安全に暮らせるまちづくりを進めるとともに、高齢者ニーズに応える新たな生活産業を創出し、働く人たちの雇用を促進して、豊かで快適なまちづくりを目指す取り組み」と、同市ではこの構想を定義している。独特なのは、単に高齢者福祉、高齢者のためのやさしいまちづくりをするのではなく、そのために必要なことを地元産業と結びつけ、それによって市内で働く人の雇用機会を高めるという連携を図っている点だ。

定住化のための住まい政策

当たり前のことだが、移住をしてくるのであれば、どんなかたちにせよ住まいが必要になる。そして、これがもっともお金がかかる。しかし、日本の不動産業界をみると、一般の人が見知らぬ土地で不動産を購入するのにあたってのリスクは、ほとんど購入者自身が負わなくてはならない状態にある。

こうした点を考慮して、伊達市がとる住宅政策は理にかなっている。具体的には、「安心ハウス」と「優良田園住宅」がある。高齢者が安心して住める良質な住宅の供給を促すために、独自の建築基準を設けた認定制度が安心ハウス制度。

たとえば構造や仕様については、耐火、耐震構造をはじめエレベータや手すりなどの設置、十分な廊下の幅、段差のない床であることなどが定められている。また、建物の管理面では、入居者が原則として六〇歳以上であることや高齢者円滑入居賃貸住宅（高齢者の入居を拒まない住宅）の登録申請、また、付加サービスとしての食事サービスの提供などが条件となっている。

民間企業が建築した住宅がこの基準を満たして認定された場合は、市が広報誌やホームページなどを通じてPRをおこなう。すでに安心ハウスは同市内に誕生している。鉄筋コンクリート七階建てと八階建ての賃貸マンションで、間取りはすべて1LDK。賃料は、光熱費や管理費、駐車場代を入れて月に一二万五〇〇〇円からだ。希望すれば、一階食堂での食事のサービス（有料）が用意されている。

分譲宅地「田園せきない」

伊達建設事業組合提供

総務省では、農山村地域、都市の近郊その他の良好な自然環境を形成している地域に所在する一戸建ての住宅を「優良田園住宅」と呼び、こうした住居へのニーズが高まっていることから平成一〇年に「優良田園住宅の建設の促進に関する法律」が施行された。伊達市では、この法律に基づいて市の基本方針を策定して、市有地を活用して民間による宅地開発を進めている。これが優良田園住宅で、同市東関内町で同市認定の「田園せきない」という全五三区画の分譲宅地をつくり販売している。これらはすべて建築条件付で、指定されたいくつかの建設会社と建築契約をすることを条件に分譲をおこなう。造成・分譲中の現地を訪れてみたが、そこは海を遠く見渡せる平坦な場所で、公園やパークゴルフ場が隣接し、田園環境という点では申し分のないように思われた。

開発地全体としては、町並みや緑化、ゴミ処理、建築物についてなど、まちづくりの協定があり、建築される住宅そのものについても「北方型住宅」として長寿命で高齢者への対応に配慮するといった基準が定められている。こうしたことで購入者に安心感をもってもらおうとしている。一五〇坪から二〇〇坪ほどの面積の分譲地の価格は、平均すると一坪三万七〇〇〇円ほど。私が訪れた時点で、市外、道外からの購入者が半数近くに達していた。

ところで、ここで建築される住宅に関しては、最初に買い主が一二万円を支払うことで、建築請負会社が将来買い取る責任を負う保証制度がある。この買取制度を共同で運営する目的で設立された「ウェルサポート合同会社」によれば、「住宅建築業者は住宅を発注するお客様との間で建築一定期間経過後にその時点での土地・建物の査定価格において買い取る旨を規定した契約内容により、住宅建築請負契約を締結する」という。ただし、対象となるのは移住定住促進の観点から五〇歳以上に限定されている。

移住したのはいいが、生活になじめないとか、健康上の理由などでその場を離れなければならないことも往々にしてある。先に紹介した函館の中村さんの例を思い出していただきたい。もうここが終の住処と覚悟しても、そうならないことはあるものだ。さらに、地方では住宅の流通は一般的に活発ではないから、売却しようにもできないことは十分考えられる。このため購入に躊躇する人もいるだろう。買い取りのシステムはこうした心配を軽減し、かつ住宅の流通をスムーズにする効果が期待できる。

6 定住ではなく移住がいい

きっかけは大震災

北海道から一気に南へ下って、沖縄は石垣島の話をしよう。国内で南国のリゾート気分を味わう場所としては、本島をはじめ沖縄の各地に秀でる地はそうないだろう。石垣島の海辺でキャンプ場を経営する田代浩三さん(仮名)は、神戸から石垣島に移住した。しかし、そこもまだ人生最後のときを迎えるまでの一里塚だという。

「移住はしても、定住は考えない。定住を決めたとたんに死ぬ時間を待っているみたいだし、それじゃおもしろくない」

と、田代さんは話す。神戸で長年暮らしてきた彼は、九五年の大震災のあと石垣島に夫婦で移住した。団塊の世代の一人である。団塊の世代を、戦後の高度経済成長期にあって、競争しあいながらがむしゃらに進むエネルギーの塊(かたまり)とするなら、田代さんはまさにそのエネルギーを発散しつづけた一人だった。父親が戦前、旧逓信省の仕事で台湾にいた関係で、台湾で生まれた田代さんは、戦後、父親の出身の長崎に引き揚げた。

「終戦後、食べ物でも何でも欲しいものがいっぱいあっても手に入らない。だから大人になったらぜったいがんばって手に入れよう、そう思ってきた」と言う。一八歳のとき神戸に出て、さらに大阪に移り、まず衣料品を扱う仕事をした。必死に働いて二三歳のときには家を建てたというから、よほどがんばったのだろう。

その後、三〇歳を過ぎて神戸で建築関係の仕事をはじめた。最初は店舗の設計・施工だったが、徐々に住宅の建築が多くなった。「営業力が決め手だった」という田代さんは、事業を順調に伸ばした。しかし、三七歳のとき、働き過ぎがたたったのか体を壊す。医者からは「少し遊びなさい」と忠告された。

「じゃあ、何をしたらいいかと思って、まず４ＷＤの車でキャンプに行ったり山登りをはじめたんです。そこからやることが広がって単車に乗ったり、クルーザーを買って海に出たり。もともと若いときは船乗りになりたかったこともありました。こうした遊びを通じて仲間もできていきました」

戦後のもののない時代に子供時代を過ごした田代さんは、欲しくても得られなかったもの、したくてもできないものを獲得してきた。そうしているうち、九五年の一月一七日、阪神淡路大震災が起きる。その惨状は改めて記す必要はないだろうが、神戸市街を見下ろす高台にあった田代さんの自宅は難を逃れたものの、まるで戦災にあったかのような眼下の光景に涙が出そうになった。一生懸命働いてきた現場であり、まちづくりの一環でもある建築の仕事をしてきた者にとって、被災したまちを見るのは辛かった。

だが、見方を変えれば、震災の結果として建築業者にとってはこのあと需要が高まる、つまりビジネスチャンスが訪れることも予想できた。事実、これを機に新たに建築業をはじめた人、あるいは他業種から建築に乗り換えた人たちがいた。ただ、田代さんはここで逆に事業をやめることを決めた。仕事はすべて断った。

まち全体を再建築しなくてはいけないことは事実だったが、「人が不幸な目に遭っているときにお金儲けはできないと思った」と当時の気持ちを話す。周りから不思議がられたが、建築材料など仕事にかかわるものは処分して廃業した。震災後の住宅建築をめぐっては二重ローンや価格をめぐってのトラブルはかなりあったことを後に知った。

石垣島へ

以前から五〇歳になったら一切仕事をやめてどこか別の地で暮らそうと考えていたこともあって、各地を回ってきた。パラオやモルジブ、オーストラリアなど海外へも出かけた。その結果、まず言葉の問題を心配して外国は候補からはずした。そして、以前から何度も訪れたことがあって親しみもある石垣島へ移住することに決めた。やりたいことをつづけて、元気なうちに終の住処を求めたときに、落ち着いたのが石垣島だったというわけである。

神戸の家は残しておいて、二人の娘もすでに成人していたので、田代さんによれば、「あとは自分でしなさい」と、突き放した。突然の移住に娘たちも驚いたらしいが、見送るしかなかったようだ。

石垣島では、すぐに2LDKのマンションをまちなかに購入した。石垣島の繁華街や役所などは港の近くに集まっていて、六階の部屋からは、港を眺めることができ、晴れた日は遠く竹富島を見渡せた。神戸から三〇フィートのクルーザーももってきて港に繋留した。

島での生活は、毎朝起きるとマリーナに行って船の手入れをすることからはじまった。パラソルを立てて、ビールを飲んで弁当を食べたりしているうちに船を通じての仲間ができてきて、一緒に釣りに行ったりダイビングに出かけたりした。こうした生活を六年ほどつづけたのち、島の北部の海岸沿いに五一〇坪ほどの土地を買ってキャンプ場をはじめることになった。

「冬場は時化て、海にもあまり出られないんで退屈してかなわなかった。女房の方はハーブや果樹を栽培したいという希望もあったので」というのが動機だ。キャンプ場のなかにはツリーハウスをいくつか作った。建物の真ん中に柱となるようなツリー（木）を通して、床は地面から浮かせた小さなバンガローのような家だ。

海沿いのキャンプ場は、こうしたツリーハウスやコテージ、そしてテントを張るサイトが用意されている。利用者同士あるいは田代さんと利用者とが語り合う場もある。そのまま海へと出られ、シュノーケリングをすれば珊瑚や色鮮やかな魚たちを目にすることができる。とにかく田代さん夫妻だけで管理できる施設にした。

「前ほど遊べなくなった」と、田代さんは言う。妻を一人にして遠出するわけにもいかないし、施設内の芝刈りをしたり、オートバイの手入れをしたりと、やることは次から次へとでてくる。とくに宣伝をしているわけではないが、外国人客もかなりいて、ヨーロッパからも直接問い合わせが来る。

滞在客には、自分たちで勝手にやってもらえばいいという方針だったが、なかには相手をする必要のあるお客もでてくる。都会を離れて遠く離島の石垣まで来たのには何か訳があって、だれかと話をしたいという人たちだ。「そういうつもりで、キャンプ場を開いたわけじゃないんだが……」と、田代さんは苦笑する。

社会経験が豊富で、営業力もあって苦労もしている田代さんは、仕方なく相手となったとしても、おそらく話のわかる宿の主人として頼りにされるだろうことは想像に難くない。毎年冬休みが終わった一月や夏休み後の九月になると、会社や仕事を辞めてきたというお客が目立つという。また、女性一人の〝傷心旅行〟というのは見ていてわかるそうだ。

「おじさん、話しようよ？　なんて来るんですよ」

都会での煩わしさから逃れて、自然のなかでゆっくり暮らす。石垣での田代さんの生活もそんなかたちでスタートしたのではないかと想像するが、意外なことに都会で暮らしている人の悩みなどを聞くことになったわけだ。

「日本のはずれの離島にいて、かえって日本や日本人の抱える問題が見えてきたりするようで不思議ですね」

私がそう田代さんに言うと、「そうかな」と、また苦笑した。

首をかしげたくなることも

石垣島は、若者にも年配者にも人気がある。若い旅行者が利用する簡易宿泊所がいくつもできている。いかにも、ちょっとした放浪をしているようなドレッド・ヘアの若者を見かけることがある。昔ながらの八重山民謡を聴かせる民謡酒場が集まる一方で、レゲエのバーができたり、ジャズを聴かせる店もいくつかある。

珊瑚などの環境破壊につながるとして、長年もめた空港の移転問題もようやく決着がつき、直行便である本土との輸送力も増える。沖縄本島のように基地はなくのどかな離島の雰囲気と自然環境に恵まれている一方で、図書館などの文化施設や県立の総合病院もある。

石垣島への移住の人気は高まり、田代さんのように島外から移住してくる人は後を絶たず、田代さんの住む地区でも住宅は増え続けている。が、長年こうした移住者をみていて田代さんは首をかしげたくなることがある。

「予備知識が少なくて来ている人が多い。お金を使って家を建てるのは簡単だが、それから何をするのかが問題でしょう。楽しい思いをしようとか、心を開いていないような気がする。私は、終戦後のどさくさで、子供のときしたくてできなかったことをいましてます。海遊びはもちろんですが、絵を描いたり習字をしたり、昔乗りたかったけどお金がなくて乗れなかったバイクで遊んだり……。ものづくりも興味があって木工をしてみようと思ってます。そういうことをして心が埋まるというか……。それと、どうも都会の暮らしのルールのようなものをそのままこちらにもち込んで来ようとする人がいる。それでは面白くない」

田代さんの意見に私も同感だ。定年後の楽しみとかライフスタイルはどうあるべきか、などということが言われて久しいが、ある日を境に突然「定年後」になったからといって「さて○○をはじめよう」などといっても無理な話だ。いままで何も遊びらしい遊び、趣味らしい趣味をもってなくていきなり、「さあ、定年だから」、「リタイアしたんだから」と言われても簡単には面白く遊べないだろう。

当たり前のことだが一つの人生として続いているのだから、言うならばリタイア前にどういうことをしていたか、あるいは考えてきたかがそのままリタイア後に反映されるのだ。

田代さんによれば、島に来たことが原因で離婚するカップルもいるそうだ。二人で楽しみにして移住してきたのに、がらっとちがった環境に暮らして、どちらかの思いちがいがあったりしてうまくいかなくなるという。

また、地元の人の考え方についていくことは時間がかかるし難しいと忠告する。たとえば、ものに値段が書いていない場合があって、相手によって値段が変わったりする。これは食料品でも中古車でも、不動産についても言えることであり、注意が必要だという。したがって移住するなら二、三年家を借りて住んでみることを田代さんは勧める。

田代さんにとって石垣島は定住ではないという。体が自由に動かなくなったときのことを考えれば、病院へのアクセスを含めてもっと利便性の高いところに移ることを考えている。臨機応変といったらいいのか、自分で決断し好きなところに移住する。しかし、一つの所にこだわることはない。最後まで次に何かを求める。理想的な暮らし方かもしれない。

考察

楽しみ方を早くから身につける

競争と成長のなかで生きてきた田代さんは走るだけ走って事業を成功させたが、年齢と震災をきっかけに思い切りよく長年住んだ地を離れた。

そういう選択が無理なくできたのはたんに経済力だけでなく、それまでいい意味での「遊び方」をあれこれ模索してきたからだろう。昨今話題になっている天下りの「渡り」のようなお金と地位だけにしがみついて、人生の最終ラウンドを生きていくのとはえらいちがいである。

悠々自適に暮らそうと思えばできる田代さんが、「退屈だからキャンプ場を始めた」という点も興味深い。何者にも拘束されず過ごすことができるといっても、人によってはそれが退屈になることがある。かといって現役でばりばり働いていたころのようには仕事をすることなど考えられない。

仕事という有償のものでなくても、これまでの経験を生かして、ボランティアで地域社会とかかわるという方法もある。老人ホームで、趣味の教室を手伝ったり、植木や植物の知識や技術を生かして庭づくりにかかわることもできる。

田代さんの場合は、仕事については必要に迫られるのではなく、生活に張り合いをもたせるために結果的にキャンプ場を経営した。この点は多くの人に共通するだろう。つまり、経済的な理由というよりもむしろ社会とかかわりをもち、これまでの経験を生かして社会の役に立ち、生活の張りにもするという意味で仕事をつづけることを求める。ただ、田代さんのような活動的でビジネス経験の豊富な人は、さまざまなところでビジネスの芽を見つけられるのだろう。その点では最初から仕事との関係を考える必要はなかった。

7 海外に住み、美術めぐりを

暮らしのイメージを描く

リタイア後の移住先は国内だけでなく、海外も対象になっている。日本より生活費が安いことを重視して、東南アジアで年金暮らしをする例が最近ではよく報告されている。

海外移住の場合、具体的な目標をもつこと、暮らしの具体的なイメージを描くことができれば、より充実しているのはいうまでもない。これは国内移住でも同じだ。

たとえば、都内で小さな会社の役員をしていたMさんは、第一線を退いたら京都市内にマンションを買って、ゆっくりとそれまで訪れてみたいと思っていた寺などを時間をかけて回ることに余生を費やしたいと言っていた。こうしたはっきりした目的があれば、手段としての住まいは、自ずと決まってくるものだ。寺や史跡を見て回るのが第一だから、そのためにはマンションのほうが維持が簡単だし効率がいい。

Mさんの周りでは、大学時代のサークルの同級生が、定年後は伊豆の別荘を共有して遊ぼう、などと言っていたが、彼は「私は田舎の暮らしには、ほとんど興味がない。京都の歴史をじっくり見る」と、話していた。リタイアというと都市生活者を思い浮かべるので、彼らの理想は自然と触れあう生活だと連想してしまうが、なるほど何もだれもが田舎暮らしや田園生活を望んでいるわけはない。「いまこそ文化的な生活を」、あるいは「都会のライフスタイルを楽しもう」という人もいる。

こうした終の住処のかたちを考えるときに、まずまっさきに私の頭に浮かんでくるのが木室公生さんと君子さん夫妻の移住生活だ。夫妻は、好きなヨーロッパの絵画を見るために、定年後ポルトガルに移住してしまった。

⌂海外移住という選択も

時は、バブル経済で日本の地価が異常に高騰したころ、東京郊外のまちでも駅に近い商業地は一坪あたり数百万円などというのは当たり前だった。

こうした異常な状況のなかで中高年者からは、猫の額ほどの土地と家しかもてない日本を離れて、海外でリタイア後の生活を目指そうという動きができてた。アジア、ヨーロッパのなかの気候温暖な地で、年金生活をしようという発想である。当時は円高で海外のほうがお金の使いでがあり、また金利が高かったこともあって退職金などの運用についてもお得感があった。一方、日本に比べれば海外の不動産ははるかに安く、総じて海外生活の利点が強調された。当時の通産省も一九八六年に「シルバーコロンビア計画」という海外移住推進策を打ち出し、リタイア後の日本人よ、海外で暮らしてみてはどうですか？と、提唱し、関連ビジネスを支援するプログラムをつくった。

貿易黒字を背景に、日本人が海外へ出ることで、一種の貿易摩擦解消になり、日本企業も観光や建設、不動産業が関心を示した。しかし、一方で日本の住宅政策の貧困さを海外で解消しようとするに過ぎないという意見や、〝老人輸出〟であるという批判もわき起こった。結局、この計画自体は、計画・研究レベルにとどまり、九二年につくられた「ロングステイ財団」に継承された。

国が旗を振って推進する計画が功を奏したのかどうかはっきりしないが、その後経済環境が変化しても、個人レベルでは、海外でリタイア後の生活を送ろうという動きは、物価の安いアジアを中心につづいている。シルバーコロンビア計画が打ち出されたころ、オーストラリアの海岸沿いやスペインのコスタ・デル・ソル（太陽の海岸）といった地中海沿いのリゾートがとくに話題を呼んだ。スペインほどではないが、隣のポルトガルもまた地味ながら人気があった。

九〇年代に入って、私は取材でリスボン近郊に暮らす日本人数家族を訪ね、話を聞く機会があった。有名なポートワインを集めていたり、リスボンの街を散策したりとみな思い思いにリタイア後の生活を満喫していた。そのなかに木室さん夫妻がいた。

本物を堪能したい

長崎の放送局に勤めていた木室さんは、同社が都内に画廊を経営することになったのを機に、一九七〇年に長崎から東京へ転勤となって、この画廊の運営を任されることになった。好きな絵画に触れながらの仕事は木室さんにとって願ってもないことで、初めてのことなので不安もあったが絵画ブームにも助けられて、画廊は順調に滑り出し、以来定年退職までこの仕事に従事することになった。

しかし、絵画に囲まれて生活しているうちに木室さんは、いつかこの目でヨーロッパの本物の美術品を堪能したいという気持ちが高まってきた。そこで木室さん夫妻はリタイア後にポルトガルに住まいを移し、そこを拠点として五年間でヨーロッパのさまざまな美術館を見て回ったのだった。その詳しい内容は、木室さん自身が著した『乾杯！　ぽるとがる』（東京新聞出版局）に譲るとして、夫妻のポルトガル移住の概要を、この本と木室さん自身の話から振り返ってみたい。

会社員の時代に木室さんはツアーで「ヨーロッパ美術館めぐりの旅」に参加したとき、見学時間があまりに短いことに不満が募った。また、名品の多くがツアーでは回ることがない地方の美術館に所蔵されていることを知っていたので、とてもこうしたかたちでは自分の要望は満たされないだろうことも確認した。

いつか一人でじっくり美術館をめぐりたいと切望していたが、経済的な問題やその方法も含めて、実現はかなり難しいだろうと思っていたところに、「シルバーコロンビア計画」を知った。これがヒントになって、ヨーロッパに滞在して、その間に各国の美術館めぐりをしようと考えたのだ。

そこで、移住先をどこにしようかと、いろいろ調べた結果、物価が安いポルトガルに住居を定めて、そこを基点にヨーロッパ各地の美術館をめぐろうと思い至った。気候も温暖で食べ物もうまい。ヨーロッパは国の数は多いが、大陸内の移動はそれほど時間はかからない。木室さんは、日本の歴史のなかで長崎とポルトガルとの関係にも関心があり、いつの日かポルトガルに行ってみたいという気持ちが頭のなかに広がった。

ポルトガル移住計画

〝ポルトガル〟〝リスボン〟という言葉の響きに特別な記憶と思い出があったことも彼を移住へと駆り立てた。昭和四年生まれの木室さんは一〇代のころ、戦時中ラジオから流れる「リスボン発UP同盟……」といったニュースのなかの「リスボン」という言葉の響きに聞き惚れたという。

第二次大戦でポルトガルは中立の立場をとった。そこで、欧米側のニュースはリスボン経由で日本に流れ、それを若き日々の木室さんは聞いていた。リスボンという都市の姿を想像して西洋の街を思い描いていた彼は、こう記している。

「――(略)、だんだん日本が孤立化し、戦時体制が強化され、同級生の何人かは志願して海軍の予科練に入隊。いずれ近いうちに、自分もどこかの戦場に送り出され、命果てるであろうという状況の中で、『リスボン』は、唯一逃避できる、空想都市だったのである」

子供のころや少年期に受けた鮮烈な印象、そしてそこから生まれる夢やあこがれ、といった感情はいつまでも強烈に残っているものだ。それがたわいのないものであっても、後年それが実現可能になったり、手に入るようになったときには、なんとも言えない感慨があるはずだ。木室さんにとってのリスボンは、およそ半世紀を経て蘇ったのだった。

木室さんの思いは妻の君子さんにも伝わった。彼女も新しいものへの好奇心は強く、五年間の予定でポルトガル移住計画が決定する。そこでまず第一に考えなければならないのが住まいである。当時、木室さん夫妻は職場まで歩いて行ける東京都中央区のマンションで暮らしていた。画家とのつきあいなどで仕事が夜遅くなることも多かった木室さんは、職場から遠くないところに住もうと考えて七八年に購入したものだった。床面積は約六〇平方メートルの3LDKで、当時約二六〇〇万円だったというが、移住計画を考えたときにはすでにローンも支払い終えて、二人の娘も結婚して家を出ていた。

日本を去るにあたっては、このマンションを賃貸に出すことにした。立地や床面積などから当時このマンションの家賃相場が約一八万円だったが、賃貸期間を限って専門の業者に管理を任せたので、賃料は若干割り引かれて一六万円になった。また、家具や家財道具は倉庫会社に預けることにした。長らく日本を留守にするので、住民票も抜いて住民税と健康保険料は支払う必要もなくしたという。ビザを取得して、現地で口座を開いて送金し準備を整えた。

一方、ポルトガルでは、リスボンから鉄道で約二〇分、パレーデという駅の近くにアパート（日本でいうところのマンション）を借りることにした。四階に位置する延べ床面積は約一二〇平方メートルというから、日本の基準からいえばあまり見られない大型マンションになる。ベランダからは大西洋を望める。寝室が三つに一二畳ほどの応接間、それに八畳くらいのダイニングキッチン。バス、トイレは二つずつある。加えて、ソファやテーブル、ダイニングテーブル、ベッドなど必要な家具をはじめテレビ、冷蔵庫、洗濯機といった電気製品や食器類やタオルなどの生活必需品もすべて備わっていた。

これで当時の為替レート（円とポルトガル・エスクード）で家賃は月に当初約七万円で、その後円高となって、五万円代に下がったこともある。日本で賃貸に出している自宅マンションとの差額が九万円～一〇万円余になり、これに年金をあわせて滞在中の生活費や旅行代にあてて、すべて賄うことができたという。預貯金などは取り崩す必要はなかったというから、当時の為替、金利の状況がいかに有利だったことがわかる。

さらにいえば、当時のポルトガルの預金金利は一二％と高く、まとめて日本から送金してもらった日本からの資金もかなりの利子を生んだ。物価も日本に比べれば安く、まちなかの食料品店に行けば、肉や野菜、そして米も安いし、いうまでもなくワインは比較にならない。木室さんは「これなら月収五～六万円でもやっていけるにちがいない」と記している。

しかし、なんといっても外国暮らしである。慣れるまではそうスムーズに生活は進まない。身分証明書や滞在許可証の取得をめぐっての役所とのやりとりや国民性や文化に戸惑うことは多い。それを乗り切るにはある程度の語学力が必要になる。木室さんは、日本にいる間からポルトガル語を勉強し、現地でもさらに先生について学ぶが、なかなか上達しなかったようだ。

言いたいことが通じない点でいちばん困ったのは現地で入院したときのことだ。木室さんは急に血圧が上がって、救急車で病院に運ばれるという事態を経験した。そこでトイレに行きたいと言おうとしたのだが、なかなか通じなくて困ったという。しかし、二日間の入院と治療でかかった費用は救急車の搬送代だけだという。

お金では計り知れない豊かさ

本来の目的である美術館めぐりは思い通りに進んだ。リスボンの旅行代理店で見つけた安売り航空券をみつけてスペインのバルセロナへ出かけたり、パリへ出かけたりと、ヨーロッパ各地へ飛んで大都市の美術館から小さな田舎町にある美術館へと足を運んだ。そして、ひとつの旅が終わるとリスボンへ帰ってくる。仮住まいとはいえ、やはりリスボンのわが家へ帰ってくるとほっとする。そして、また次の旅の計画を立てて実行に移すという、まさにヨーロッパ内に拠点をもてばこそできた楽しみ方であった。

隣国のスペインをはじめフランス、北欧、ベルギー、オランダなど欧州内の国々だけでなく、ジブラルタル海峡を越えて北アフリカへ、そして大西洋を渡ってブラジルやニューヨークへも旅をする。木室さんの記録によれば、この五年間に訪れた国は二四ヵ国、都市にして七一、そして一一二七の美術館やモニュメントを見て回った。

「頭の中に記憶した名画の数は、果たして何点に上るか……、総額はいくらになるか……。おそらく何千億円という額かもしれない」と、木室さんは書いている。この美術をめぐる旅行の費用すべてとポルトガルでの生活費をあわせた額は、五年間で一六〇〇万円。月額にすると二六万六〇〇〇円というから、木室さんがいうように、日本にいたら生活費だけの金額くらいだろう。

ただ、これはあくまで金銭上の評価であって、夫妻が得たのはお金では計り知れない豊かさだったようだ。著書のあとがきのなかで木室さんはこう振り返っている。

「ポルトガル移住は、ヨーロッパの美術を見て回るための根拠地にするつもりであった。帰国するまで、その『つもり』は変わっていない。

だが、いざ住んでみると、気持ちのいい気候と、人びとの情のあつさ、そして何よりも果物や野菜、魚とワインのうまさにすっかりのめり込んでしまった。もう『つもり』なんかどうでもよくなった。今になってみると、ポルトガルに住むことが第一の目的で、あちこち旅行して回ったのは、付け足しのようなものなのかもしれない」

まさに住めば都である。一つの場所に居を構え、人と交わり、土地のものを食べて、文化・風土に触れる楽しみを知ることは、いかに得難い経験かということを、木室さんの言葉がよく示している。本来の目的とはちがったものを得る、予想しなかった展開を楽しむ。大げさに言えば人生の醍醐味みたいなものを感じたのだ。

⌂再び東京へ

木室さんがリスボンから東京へ帰ってきたのが九四年。当初の予定通り、以前に住んでいた東京のマンションへ戻った。このとき、木室さんは六五歳だった。それからすでに十数年がたった二〇〇八年、久しぶりに木室さんに会えた。終の住処ではないが、夫妻は人生の最終ラウンドで思い切った選択をして期限付きではあるが日本を離れて暮らした。いわば大プロジェクトを終えたわけだが、もちろんそれですべてが終わったわけではなく、東京での新たな生活がはじまった。

これだけのプロジェクトのあとの生活を、どんなふうに感じているのだろうか、いままさにほんとうの終の住処となりそうな東京のマンションで暮らし、木室さんはどんな時間を過ごし、どんな思いで暮らしているのだろうか。五月の連休中、東京・中央区の晴海にある晴海トリトンというレストランや店舗などをあわせた街区で木室さんと待ち合わせをした。周囲には運河が走り、真新しいビルが建ち並ぶ東京湾を望む一帯は、一見空虚な感じもするが、マンションも増えて新しいまちができあがっている。船員帽のような帽子を被った木室さんは、自宅のあるマンションから数分歩いてやってきた。

この地に住みはじめたころは、バルコニーから見えるのは、東電の石炭置き場や、ガスタンクなどで、とにかく殺風景なところだった。それがいまは一変、窓の外にすぐ広がる運河の遠く左手には、「ららぽーと豊洲」という複合施設がみえる。かつてＩＨＩ（旧石川島播磨重工業）の造船ドックだったところが姿を変えた。また、正面遠くには、「ゆりかもめ」が走る軌道が見え、左手は豊洲の駅になる。

ポルトガルから帰国後は、「仕事はせず、ボケないように、病気をしないように」と、心がけてきた。趣味の活動としては、民放の退職者でつくるクラブに参加して、そのなかで毎月一回都内を散策することにしている。知っているつもりでも、まったく知らなかった東京のいろいろな面を再発見している。また、長崎の文化・歴史などを研究し、長崎について語る会に参加、毎月一回集まってはさまざまな人の話を聞き、年に一回は長崎を訪れて〝フィールドワーク〟をする。

このほか、三年ほど前からスペイン語を習っている。週に一回ＮＨＫ文化センターに通っている。「ポルトガル語に近いし、……ボケ防止になるし」と笑う。妻の君子さんはもう一〇年以上、ボランティアで区内の老人ホームに行って、ちぎり絵を入居者に指導している。

有料老人ホームは近くにできたが、いちばん安い居室でも月に四〇万円くらいかかるのを見て、普通の庶民はなかなか入れないだろうと、木室さんは疑問に思う。公的な施設に入るのは競争率が高いのでこれは同様に入居は難しい。社会の在り方そのものに対しても木室さんは疑問を感じる。

「一生懸命に働けば暮らしが楽になるという希望がぼくらにはあった。でも、いま、そういう希望がない。普通に働いて、稼ぐ人間がそれなりに暮らせるようにならなかったらおかしいだろう」

死について考える

夫妻のどちらかに介護が必要になって、元気なほうが面倒をみられるうちはいいが、できなくなったときは、果たしてどうするか……。木室さんの娘が面倒をみてくれるといっているが、いまのところ結論はでていない。

しかし、死の準備はしっかりできている。木室さん夫妻は、できるだけ周りの人間に迷惑をかけずに、この世を去る具体的な策を生前に講じている。日本尊厳死協会の会員になっていて、不必要な延命措置をとらないことなどを求めている。また、生前に死後の葬儀などについてNPO法人と契約し、火葬から埋葬までの手続き、処理一切を任せることにしている。葬儀や告別式をする予定はない。妻も同様の考えだという。

この生前契約という方法をとるきっかけになったのはポルトガル滞在中のある出来事だった。エジプトに行ったときのことで、カイロからアスワンまで国内線の飛行機に乗ったのだが、自分の搭乗券にある座席番号「29」にはすでにだれかが座っている。乗務員にたずねると、「どこでもいいから座って」という。そのとき木室さんは思った。「もし、この飛行機が砂漠に落ちても、死んだのがどこのだれだかわからない可能性がある。海外でもし死んだら、どうやって娘に知らせて、そのあとの手続きをどうしたらいいのかわからないのでは。これは、生きているうちに決めておかないと」

帰国して、木室さんは死の準備についていろいろ調べてみると、雑誌でこの種の事業があるのを知った。いざというときに、残されたものに葬儀などのことで細かい神経を使わせたくないと木室さんは考えた。また、葬儀や告別式の意義に対する疑問があった。

九州で母親が亡くなる前、病院で一週間寝泊まりをしていた。亡くなって遺体が霊安室に移送されると、すぐに葬儀屋の車が来て、葬儀のランクについて相談された。

「そのとき、いやーな感じがしました。しきたりやかたちだけですよ。もちろん悲しみはあるけれど、空虚な気がしました。いろいろな葬儀に行くけれど、寒い日や暑い日は、早く終わらないかなと思ったりする。だったら身内だけでやったほうがいいのではないかとも思う。宗教が生活を律していた時代は、葬儀なども必要だったろう。また、自分がほんとうに心の底から何かを信じるようになったら、宗教的なおこないも必要だろうが……。生きているうちが人間なんです。死んだら終わり。生きているうちにやりたいことをやって楽しむ」

死んだときのことを決めると非常に気が楽になり、世の中のしきたりに縛られずにやっていこう、残りの人生を楽しもうという気になったという。

人はよく自分が死んだらあとのものはどうなるか、といった漠然とした不安をもつ。とくに急に死んだらどうなるのかと。家族制度がしっかりしている田舎の家や旧家の場合は、当たり前のように先代が残したものを次の世代が継承し、また葬式など後始末は、残されたものの役割として当然引き受けられていく。しかし、現代の日本の家をみれば、田舎では人が出て行き、家を守る人間がいなくなる傾向にある。漠然と子供がなんとかしてくれるだろうなどというのは、子供に負担をかけることになる。木室さんのようにはっきりと生前の意思を示すのは少数派だろうが、自分の後始末をできるだけして身軽になっておくというのは実に清々しい。

ポルトガルへの短期移住や死の準備への考え方など、木室さんの生き方には、自分の人生は、自分の手でつくっていくという航海図が描かれている。

考察
住まいはライフスタイルの産物

リタイア後の暮らしとして、海外への移住がとりあげられることがあるが、ここでいう移住は永住ではなく「期限を区切っての長期滞在」を意味する。こうした海外暮らしを支援している団体に財団法人ロングステイ財団がある。「生活の源泉を日本に置きながら海外の一ヵ所に比較的長く滞在し、その国の文化や生活に触れ、現地社会に貢献を通じて国際親善に寄与する海外滞在スタイルを総称してロングステイと名づけ、ロングステイの普及・啓発活動に取り組んでいる」という。

現地で働くのではなく、年金など日本での収入をもとにアジアやオーストラリアなど気候温暖な地で余暇として長期滞在を希望する人を支援するわけだ。二〇〇八年の調査によれば、長期滞在先として希望する国の一位は、マレーシアで二位がオーストラリア、三位タイ、以下ハワイ、ニュージーランド、カナダ、フィリピン、インドネシア、スペイン、アメリカ本土となっている。

こうしたロングステイは、経済的にある程度余裕がある人を対象にしている。しかし、近

各希望滞在先ベスト10

※「全体」性別不明も含む

	男性		%	女性		%	全体※		%
1	マレーシア	1445	20	マレーシア	1050	19	マレーシア	2495	19
2	タイ	936	13	オーストラリア	708	13	オーストラリア	1521	12
3	オーストラリア	813	11	アメリカ(ハワイ)	639	11	タイ	1451	11
4	ニュージーランド	682	9	カナダ	548	10	アメリカ(ハワイ)	1315	10
5	アメリカ(ハワイ)	676	9	ニュージーランド	547	10	ニュージーランド	1229	10
6	カナダ	545	7	タイ	515	9	カナダ	1093	8
7	フィリピン	500	7	インドネシア	187	3	フィリピン	679	5
8	インドネシア	280	4	アメリカ本土	182	3	インドネシア	467	4
9	台湾	240	3	フィリピン	179	3	スペイン	399	3
10	スペイン	234	3	スペイン	165	3	アメリカ本土	378	3

ロングステイ財団『ロングステイ調査統計2008』より

年アジア諸国を対象にして、長期滞在をしている日本人のなかには、余暇目的だけでなく生活費を抑えるためのライフスタイルも目立っている。限られた年金収入のなかで生活コストを削減して、相対的に日本にいるときより、住宅環境などの面で豊かな生活を送ることを目的としている。さらに、日本人を受け入れる介護施設も出現している。

住居費や食費を比べれば、確かに日本でいるより低コストで暮らし、プールで泳いだり一年中ゴルフをしたりといったリラックスした毎日を送ることができそうだが、現実にはさまざまな問題に直面する。治安に不安があるのはいうまでもなく、事件や事故に巻き込まれたりする危険はある。また、いざというとき適切な医療機関で適切な処置を、適切な値段でうけられるとは限らない。

生活費についても、外食や日本食ばかりに頼っていると、食費はかさむことになる。また、どうしても日本人同士のつき合いが多くなって、閉鎖的なコミュニティーだけに人間関係の問題が発生する。一般的に海外での日本人は、どうしてもまとまる傾向にある。こうしたなかで、「同じ日本人だからわかるだろう」という思い込みが強すぎて、その期待が〝裏切られた〟と感じると、逆に敵対心が生まれる。

さらに日本人だからといって信用すると痛い目に遭うことがある。現地には日本人相手に悪質な商売をする同じ日本人がいて、不動産取引などでだまされることもある。アジアを中心にしたこうした実態は『年金夫婦の海外移住』（出井康博著、小学館）に詳しい。

木室さんの経験から学ぶことは多い。目的をもってリタイア後の生活を実践したこと。手続きなどで面倒だと思われる外国への移住に対して、ほぼ自力で問題を解決しながら目標を達成できたことだ。

外国生活というと華やかな響きはあるが、ポルトガルでの生活は、決して贅沢ではなく堅実だ。同じ海外生活をするにしても、目標を設定することが望ましいことがわかる。住まいはあくまで、この目標を手助けしてくれるものだ。しかし、おもしろいのは本来の目的のほかの副産物があることだ。

室蘭に移住した香田さんが思いがけず隣人と家族づきあいをするようになったように、木室さんはポルトガル、そしてリスボンというまちで暮らすことが、なによりの楽しみになっていったことだ。当初あくまでポルトガル滞在の主たる目的は生活費を抑えて、ヨーロッパを効率よく回ることだったのが変化してきたのだ。頭のなかで思い描くだけでなく実際に体を動かしてみて会得することである。こういう〝出会い〟があるから体験に意味がある。人生の最終ラウンドに来てもまた新鮮な発見を得られる。

チャートと関連させて木室さんの置かれた状況を振り返ってみる。まず家族との関係だが、夫婦親子ともに関係は良好である。ただし、これまで通りでいいのかというと、木室さんは意識して変えている。成人した子供に完全な自立を促し、お互いに親離れ子離れをしている。

経済的には持ち家をうまく活用して余裕を引き出した。仕事についてはリタイア後の生活のなかでは考えていなかった。こうしてみると、「4」の「家族と相談して自由に住まいを決める。海外など新天地を求めるかどうか」という場合や、あるいは子供との関係でみれば、「12」の「都市部でも地方でも自由に生活する。別居という形態での暮らしもある」に近くなる。

8 自然と向かい合うことに終着点はない

「花を楽しむ」ペンションをつくる

一九七〇年代後半にペンションという宿泊施設が登場したとき、これまでになかった新しい宿泊スタイルの風をもたらした。と同時に、宿の主の個性を前面に出したこのペンションというものを経営してみようという〝脱サラ〟のオーナーたちもまた注目を集めた。都会を離れて自分の趣味やライフスタイルを仕事に絡めてしまおう、さらに住まいも一緒にしてしまうというのが斬新だったのだろう。

おそらく、オーナーたちは当時はそこに永住する覚悟だったのだろう。しかし、ユースホステルがペンションに置き換わっていったように、若い人が宿に求めるものが変わっていくなかでやがてペンションというスタイルも下火になっていき、経営から離れる人たちもつぎつぎと出てきた。北嶋清さんは勤め人ではなかったが、東京から新天地を求めて信州でペンション経営をはじめた。東京から中央自動車道を下って、長野県の諏訪インターで降りてさらに一時間、観光地としてよく知られる白樺湖をすぎてまもなくすると、北嶋さんが暮らす姫木平と呼ばれるペンション村がある。

定年退職したら、あるいは脱サラしてペンション経営をしたいという話はいまでもときどき聞く。自分の趣味やライフスタイルの世界をペンションというかたちにまとめて、お客さんと分かち合いたいという人たちがいる。趣味と実益を兼ねたライフスタイルであって、同時に田舎暮らしをするための生計の手段ともいえる。

長野県の場合、こうしたペンションがつぎつぎと建築され、最初にブームとなったのは、七〇年代後半だが、この姫木平は八〇年代初めのころにペンション用地としての分譲がはじまった。都内で花屋を経営していた北嶋さんがここでペンション経営に着手したのが八三年。自然のなかで生活したいという気持ちと、なにか田舎で商売として成り立つものがないかと考えた末の結論だった。

「花屋の仕事は順調でおもしろかったんですが、だんだん葬儀社の仕事が多くなって、なんだか人が亡くなって商売になるというのと、人間の裏が見えてくることに抵抗を感じるようになりまして……。それに休みがとれなくなったのが辛かった」

鼻の下にヒゲをたくわえた北嶋さんは、やさしい口調でそう話す。最初はペンションなるものがどんなものかさえ知らなかった。そこでいくつかペンションを回ってみると、自分にもできそうな気がしてきた。しかし、当時のペンションはオーナーがギターを弾いて歌ったりして客を楽しませるスタイルが目立っていた。これは自分にはできないので、自分にできるものはと考えたとき、花屋の経験を生かして自分が好きな花を、家庭では味わえないかたちでお客に見せたらどうかと、「花を楽しむ」ことをテーマにしたペンションにした。

花に興味がありそうな人がいたらおしつけがましくならないように説明をして、さらに興味をもってもらう。北嶋さんはそういう姿勢でのぞんできた。開業するためにそれまでの自宅を売って、国民金融公庫から二三〇〇万円を借りた。これをもとに五〇〇〇万円の建築費をはじめ合計で七〇〇〇万円をかけた。

⌂地元に根付くまで

他のペンションのなかには、ブームのかげりとともに〝店じまい〟したり譲渡したりするところもでてきたが、北嶋さんの経営は順調に推移し、借金もおよそ一〇年で返済した。しかし、順風満帆で進んだというわけではなかった。経営をはじめて二年目に、それまで入退院を繰り返していた妻を失った。北嶋さんに子供はいない。一時は廃業もすることも考えたが、その後別荘地に住む知人の紹介で現在の妻と知り合い再出発をした。

北嶋さんにこうした話を最初に聞いたのが、九四年のころだった。当時、彼は五〇代の前半。定年を見据えてある程度ゆとりのある経営をしていくことを目指していた。「冬に稼いで春を過ごし、夏に稼いで秋を過ごす」と笑っていた。お客の数は少し制限して、体力に見合った仕事をしようというのだった。

歴史小説が好きで、暇なときはボリュームをいっぱいにあげてクラシック音楽を聴きながら、司馬遼太郎などの著作を読む。生きていてよかったと思う瞬間だと話していた。それから今日までリラックスして経営を継続してきたが、二〇〇一年には隣地を購入して、これまでの敷地とあわせておよそ一五〇〇坪もの広さとなった。その一部は庭園にして、それ以外は遊歩道を設けて自然のままにしてある。

もともと自生している高山植物や山野草をはじめ、いろとりどりの花を植えるなどし、敷地内を散策して植物を楽しめるようになっている。このなかには、絶滅危惧種に指定されている「ツキヌキソウ」といっためずらしい植物もたくさんあるそうだ。

〇八年の五月に私が訪れたときにも、半分自然なままの園内を案内してもらったのだが、錨草(イカリソウ)やベニバナイチヤクソウなど、高山植物の小さな花があちこちに顔を出していた。北嶋さんはそれを一つひとつていねいに説明してくれる。冬の厳しさや生活の不便さはあっても、こうした好きな植物たちに接しながら生活するというのは、もし彼と同じような趣味をもっている都会人であったら、なるほどあこがれるだろう。退職後に自分の趣味の世界を広い空間のなかでつくりあげる、つまり自分の王国をつくることが目的の人にとっても一つのモデルケースである。

草花をいじる楽しみのほかに、歴史の好きな北島さんは、いまは第二のふるさとになった地元の歴史への興味も増して、趣味の山歩きとあわせた歴史散策へ出かけたりしている。夫婦ともどもペースダウンをしながらも、ますます好きなことと仕事を並行させている。

この姫木平だけで見た場合、九〇年代はじめの最盛期には八〇件ほどのペンションが営業していたが、いまでは五〇数件になっているという。このなかには経営者が変わったものがあり、最初のオーナーがそのまま営業している数はもっと少ない。北嶋さんはこのうちの一つで、地元に根付いて成功した例である。スキー客の減少で、ペンションもまた少なくなっているが、中古の別荘を購入して定住している人がかなり目立つようになったと北嶋さんはいう。おそらく団塊世代のリタイア組ではないかと想像される。

「食えるだけ夢を食っていきます」

「東京が焼け野原でもののない時代に生まれて、一〇人兄弟で家も貧しくて小学生のころはランドセルのかわりに風呂敷をもって通っていました。傘もさしたことなくて、一度でいいから傘をさしてみたいと子供心に思っていました。雨が降って、親戚の子がおばさんに、傘をもって学校に迎えに来てもらっているのを見て、うらやましかったですね。長靴もはきたいなって」

ヒゲの口元を緩めて、北嶋さんは少年時代を語る。それからすれば、その後の人生は、着実に成果をあげてきたし、自分なりの夢を追い続けてきた。健康には自信があり、まだまだやりたいことはたくさんある。登りたい山もたくさんあるし、行く先々でスケッチをしていく楽しみがある。それをこの先油絵にしていきたいという。

ただこうした彼の暮らしぶりに対して、どきどき周りの人は冷めた視線を投げかける。

「自分は先のことを考えていなかったんですけれど、この前庭の手入れをしていたら、うちのペンションに来た人に、こうした手入れはいつまでできるの、なんてきかれましてね」

北嶋さんの穏やかな口調が少し厳しくなった。〝……いつまでできるの〟という言葉の裏には、「私だったらそんなことはしない。あなたのやり方はどこか変ではないか」といった響きがある。

こういう人は自分の生き方や価値観とちがったものを見ると、どこか自分自身のスタイルが正しいのだという確信がぐらつくのを恐れて、そうならないための予防的な措置として、「そ

んなことしてどうするの？」などといって相手のスタイルを牽制して、「それはちょっとおかしいよね」と、自分自身のスタイルを納得させようとする。

北嶋さんもこうしたニュアンスを感じたと見えて、この種の疑問に対しては江戸っ子らしく「なにをいってやがる」とばかりに「食えるだけ夢を食っていきます」と答えることにしている。だから、終の住処についても特別なことを考えたことはないという。それは、いまの生活の延長線上にあると考えている。楽観的というより自然と体で覚えた哲学のようだった。

朝方、北嶋さんと一緒に自生の植物が随所に見られる庭園を歩いたときだった。花の説明をしてくれながら、ぼそっと彼は意味深長な言葉をはいた。

「庭なんかやっていると、来年はこれを咲かそうとかあれを咲かそうとか思って、老後のことなんか頭に入ってこないんです」

北嶋さんは、一年サイクルで草花の成長を見届け、その草花がある限りは仕事がつづいていくことがわかりきっているから、日々それで精一杯であり、また充実しているのだ。終の住処は、現在ある日常の充実感の延長線上にあるのだろう。

考察

自然相手は暮らしの行方も自然体で

自然や生き物を相手に暮らしていくことは、自然の側に合わせていくことになる。自分の都合や計画よりも相手があってのことであり、自然体にならざるをえない。花を咲かすことに毎年集中しているから「老後」が頭に入ってこないという北嶋さんの生き方には、なるほどと思う人も多いのでは。

体を動かして、とにかく土や植物と接していくなかでは、抽象的な悩みや、頭のなかだけで悩んでいることなどは、絵空事に思えてくるのかもしれない。生きていく恐れのようなものを感じはじめたとき、土や生き物に対峙して体を動かすことが、一つの心の拠り所になるといってもいい。

壮年期を迎えた人が、畑いじりをしたり、土いじりをしたりするのはよくあることだ。私の父ももともと庭いじりが好きだったが、六〇代の後半から、家の近くにそれこそ猫の額ほどの土地を借りて、野菜を栽培していた。生き物が成長して収穫できることにかかわる満足感のようなものがあったようだ。あえて終の住処など意識しなくても、いまある生活を自然と延長させていくことを第一にする。走るところまで走る。自然相手の強みを見た思いがする。

9

海辺のまちで暮らす、還暦からのサーフィン

海と向かい合う生活

山で草花と向き合う生活があれば、毎日海と向かい合う生活もある。都心から電車で約一時間の立地にあって、ちょっとしたリゾート気分が味わえる湘南地区は、ここに住むことを仕事より優先するようなサーフィン愛好家がいる。大作家も好んだこの地には老若男女が集まる。終の住処に十分な要素がここにはある。

秋晴れの朝、茅ヶ崎の海岸から相模湾を眺める。左手に江ノ島がマッコウクジラのようにぽっかり海に浮かんでいる。その背中の真ん中にクジラが潮を吹いたようなかたちで立っているのが展望塔だ。背後には三浦半島がうっすらと見える。真正面には伊豆大島がこんもりと姿を現し、手前には、茅ヶ崎のシンボルでもある烏帽子岩の尖ったかたちが海面から顔を出す。ずっと右手に目を移せば伊豆半島が伸びていて、その端に富士山が大きな三角形を描いている。

海岸沿いには一〇キロ以上の遊歩道がつづき、ジョギングをするランナー、犬の散歩をする

人、そして自転車に乗ったサーファーたちが行き交う。よほど天気が悪くなければ、ほぼ一年中にわたって見られる光景だ。そのなかでいちばん目立つのはサーフボードを自転車の脇につけたサーファーたちだろう。この辺ならではの光景で、専用のキャリアをつけてそれにボードを挟んで移動する。短いショートボードは片手に抱えたまま自転車に乗るが、三メートル近いロング・ボードはこうして運ばれる。

「さて、波の様子はどうだろうか、今日はどの辺に入ろうか」。それだけを考えながら多くのサーファーはポイントを探して自転車を走らせる。六〇歳を過ぎてからサーフィンをはじめた大貫輝治さんもその一人だ。古い自転車に九フィート（約二・七四メートル）のボードをつけて、春から秋の間なら週に三日は海にやってくる。

小柄な体格だが、引き締まった体は六七歳という年齢を感じさせない。白いものがほとんどの薄くなった髪で、地元の漁師のように真っ黒に日焼けしている。海岸を走っていても、海に出ても「こんにちは」と、気軽に声を掛け合う人は大勢いる。

大貫さんは、地元茅ヶ崎市に生まれて、以来ずっとこのまちに暮らしてきた。数年前にそれまで三〇間年地元で営んできた小さなスーパーを閉めると同時に新居を構え、いわゆる隠退生活に入った。

この辺りは、いまでこそ海の近くまでぎっしり家が建ち並んでいるが、戦後まもなくは砂浜の広いただの海沿いの田舎だった。小学校も海のそばで、子供のころの大貫さんは友だち同士で海へ行って遊ぶのが常だった。

「深さが、自分の背丈から二メートルくらいまでは潜って、手で砂を掻くと青柳がたくさん取れるんだ。トラックのタイヤのチューブに網をつけたものを、浮かべておいてそこに取った貝を入れる。一時はすごく取れたんだけれどそのうちにいなくなったね。貝は焼いてしょう油をかけて食べるんだが、近所に配ったほどだった」

自分のペースで

大貫さんは一〇人兄弟の大家族で、このころ家業だった養鶏がうまくいかなくなって、生活は厳しく、中学を卒業したら当然働くことを覚悟していた。就職先も決まった。ところが明日から会社へ行くという前日になって、先生が「お前高校受かってるぞ」という。この当時、内申書の判定だけで合否が決まっていて、先生が大貫さんに内緒で県立湘南高校へ願書を出していたのが、合格になったのだった。湘南高校といえば、当時もいまも県内有数の進学校で、家族でいろいろ相談したところ、せっかく受かったのだから進学しろという。兄弟もなんとか援助をしてくれた。

友人たちの助けもあってなんとか卒業までこぎ着け、日本交通公社（現ＪＴＢ）に就職した。勤務地の川崎まで通勤するが、日本はようやく戦後の復興を終えて、高度経済成長に突入した時期、娯楽の目玉として人びとの旅行熱は高まり、大貫さんの毎日は早朝から夜遅くまでめまぐるしいものだった。

「修学旅行の添乗員をよくしたけれど、夜行列車で帰ってきて、寝ないでそのまま仕事につくという勤務だったりで大変だった。これで体をこわして三ヵ月くらい入院して、結局会社を辞めました」

その後は、会社勤めはせずに、自分のペースでいくつか商売をはじめた。そして、昭和五一年から小さなスーパーの経営に乗り出した。店は海水浴場へとつづくいまでいうサザン通り沿いの一画で近くにほかにスーパーはない。食品だけではなく、当時はなかなか取れなかったお酒の販売の免許をようやく取得して、酒の安売り販売で特徴を出した。しかし、それもつかの間、酒の販売が自由化になって競争力を失った。個人経営の商店が苦戦するのはどこでも同じで、大貫さんの店も客足がのびず、二〇〇六年に、三〇年間つづけた店を閉めた。

□六〇歳でサーフィンをはじめる

これより数年前、大貫さんはサーフィンをはじめた。きっかけは健康診断だった。高脂結晶という結果が出て、運動するように勧められた。そこで近くの海岸を散歩することにしたのだが、仕事の都合上日中に歩くと、これがたまらなく暑いので、海に入ることにした。

泳げないので、大きな浮き輪をもって入ったが、どうも格好がつかない。だいたいそんなことをしている人は海水浴場ならともかくまったくといっていいほど海にはいない。思いついたのがサーフボード。周りでみんながやっているサーフィンのボードを浮き輪代わりにしたら格好がつくかと考えた。

しかし、サーフィンに対してはこれまでもいいイメージがなかった。「なんでこんなものがおもしろいのか。板の上に立っても五秒か一〇秒で倒れてしまうのに。みんな黒いもの着て、ただ沖を見ている。トドが獲物がくるのを待っているようだ」

それでも知り合いに老舗のサーフショップのオーナーがいたので、「俺にもできるかな」と、試しにきいてみた。すると、「板につかまってりゃいいじゃねぇか。レンタルもあるし……」と、あっさり言われて、試しに借りてみた。

サーフィンは、まずボードに腹ばいになって、胸を反らして手で漕ぐパドリングという動作をして沖に出て、そこでボードにまたがって、沖のほうを向いて波が来るのを見る。日によって時間によって波がちがうのは当たり前だが、これだと思った波を見極めたら、くるりと向きを変えて、陸のほうをみてパドリングをはじめる。迫る波の速度に合わせるためだ。そして波の速度にボードが一体化して滑り出したら、機を見て両手で板を突っ張って、足を引き寄せて一気にボードの上に立つ。うまくいけば、あとはバランスを保って波と一緒にボードと人間が進んでいく。

大貫さんは最初は、ボードをまたぐことさえできなかったというが、小さいころから海自体には慣れているので、波のあまりない日をねらってまずは基本を練習した。「人の目はまったく気にしなかった」という。知り合いの若いサーファーにも教えられて、少しずつさまになっていった。しかし、なかなかボードの上に立つことができなかった。

練習をはじめて二ヵ月後にやっと立つことができた。瞬間ではあったが確かに立った。サーフィンを趣味としている人なら同じ感触を得たことがあるだろう。最初は揺れるボードをまたいでいるだけで精一杯で、これで立つことなんかできるのだろうかと不安になる。だから初めて立つことができたときは、大げさに言えば世界が変わったような気分になる。

これが決め手となって大貫さんはボードやウェットスーツ、そして自転車のキャリアなどを購入。生来のチャレンジ精神も手伝ってか、「むずかしいからこそやってみよう」と、意欲的に取り組んだ。

「一日海に行っても、一本も波に乗れないと悔しくて……、でもいい波に乗れたときは、その日一日が爽快なんだよねぇ」と、相好を崩す。何時間も海に入って波を待っていても、なかなか自分にちょうどいい波が来ない。また、来ても乗り切れない。それが、たった一本でもすっと乗ることができて水面を走ると、なんともいえない充足感がある。実に不思議なものだ。そのうち、大貫さんは仕事をさぼってちょっと海へ出たりして、妻からは、「歳なんだからいい加減にしたほうがいい」と、一人で海へ行くことについて心配された。

⌂見つかった終の住処

こうして大貫さんはサーフィンにどっぷりと浸かっていった。そうしているうち、店を閉めることになって、もともと親戚の持ち物だった自宅兼店舗としていたところから離れて新居を構えることになった。もう引退して、さてこれから自由におもいっきり、終の住処になるだろう自宅からサーフィンに出かけようという考えで家を探した。とにかくできるだけ海に近いところへ住みたいと思っていた。しかし、妻のほうは、別に海などにはこだわらない。その代わり、土地の広さが五〇坪はほしいという。

海に近ければ茅ヶ崎の場合、土地は坪一〇〇万円前後になる。それで五〇坪となるとかなりの額になる。「広い土地」と「海の近く」。ここで夫妻は意見が対立して、一時は険悪になってしまった。土地を買って建物をつくるというのは、予算上難しいと判断して、中古の一戸建てをいろいろ見て回った。そうこうしているうちに、妻がインターネットでたまたまいい物件を見つけた。

土地が五〇坪あって、まだ建築後一一年の4LDKの木造二階建てがついている。海までは自転車で四、五分もあれば出る。条件にぴったりの物件だったが、売り主は「建築条件付」の土地として販売するのだという。いまある二階家は壊して、そこに新たな家を建てることを条件にした販売方法である。

これはよくあるというか、ますます増えているといっていい土地販売の方法である。不動産会社や建売業者が売り主の場合によく見られるケースで、土地だけ販売しても利益が少ないから、家も建ててもらって、上物でまた利益を得ようという計算である。これは自由に家を建てようとする側からすると、不都合きわまりない。まず第一にトータルで利益を上げようという考えがあるから、土地と建物の価格の割合の根拠が不明確になり、ただでさえ不明確な建築コストの根拠もわからなくなる恐れがある。なにより、施主が自由に設計士や工事責任者（工務店など）を選べない。

自由設計などといっても、取引上あるいはコストの関係からあらかじめ決められた仕様を押しつけられることもあったり、手間のかかる手仕事による建具などは使いたがらない。一例を示せば、リビングに床暖房を設置したいといっても「床材は無垢の木ではできない、合板しか適合しない」と、技術的には無理（実際にはそんなことはない）かのように拒否することがある。

サーフィンにのめりこむ

大貫さんは、まだまだ使えそうな、この五〇坪の土地付き中古住宅をなんとか建物付で購入できないかと売り主に交渉した。最初は難色を示していたが、当初の土地のみの価格から少し上乗せして話がまとまった。とにかく気に入ったので、基本的なところさえしっかりしていれば、家のなかはどうでもいいや、と思っていたため、購入してから初めてなかを見ることになった。するとこれが予想以上に立派で、和室には四寸角の床柱もあって満足した。土地の形状もほぼ正方形で、道路は南側に面している。車も二台分止められる、屋根付きの駐車場があって、なによりそこを利用してサーフボードを洗ったりできる。

「私か女房のどちらかが動けなくなったら有料老人ホームにでもいくかな」というが、いまは大満足だ。

毎朝六時過ぎに起きて、バナナを一本食べ、牛乳を飲む。とくに用がなく波がそこそこありそうなときには午前中から自転車にボードをつけて海へと向かう。いま、湘南の海はかなり年配者のサーファーが多く、六〇歳を過ぎたような〝常連〟も何人か居て、仲よしになっている。

もともとあまり泳げないというハンディを克服するために、週に一度、水泳教室にも通っている。海に入っても波のない時は、ボードから離れて（といっても、足とボードはパワー・コードと呼ばれる紐でつながっているが）、クロールの練習をしたりしている。これほど熱心にサーフィンに入れこみ、ほかには趣味もないという大貫さんだが、最近少し疑問に思うところがあるという。

「いま完全に引退して、仕事はないからストレスもない。第三者からみたらサーフィンやっていちばん幸せに見えるかもしれない。でも、毎日サーフィンだけやっていいのかなって思う。でも仕事をする気はないから、何かあまり縛りのないボランティアでもあれば、社会にお返しをしたい」

優雅な隠退生活をしてはいるが、何か自分のことだけでいいのかという気持ちである。大貫さんは地元のボランティアたちが海岸を清掃するビーチクリーンの日にはたいてい出かける。海に入ると、いい波の日は前後左右にサーファーがいる。大貫さんは知らない人でもできるだけ自分のほうから声をかけるようにしている。

海のある生活の魅力

湘南の海近くを終の住処とするのは、何もサーファーばかりではない。二〇〇七年に亡くなった作家、城山三郎氏は、古くから海辺の生活を実践してきた。茅ヶ崎の海から歩いて数分のところに自宅を構え、遠く海の見えるマンションに仕事場を構えてきた城山氏は作家の地位を確たるものにした時期から亡くなるまでずっと茅ヶ崎で暮らしてきた。

愛妻家の城山氏は二〇〇〇年に妻容子さんに先立たれる。〇八年に出版された『そうか、もう君はいないのか』(新潮社)には、この妻との暮らしへの回想が哀切をこめて語られている。

そのなかに、暮らしの変遷もまたつづられているが、茅ヶ崎での生活がいかに充実したものだったかがわかる。以下、本書をもとに氏の住まいの変遷と暮らしぶりを追ってみる。名古屋生まれの城山氏は、一橋大学での学生時代、最初は武蔵野のはずれで暮らし、最後の一年間を都心の谷中墓地の近くで借家住まいをした。卒業後はいったん名古屋の実家へ戻り、そこから専任講師をつとめる大学へ通った。結婚後も実家に同居していたが、子供ができて名古屋市の郊外、城山へ越す。

文学界新人賞を受賞してからは作家活動に専念しようと東京へ出たが、住宅事情がわるく、そこで茅ヶ崎に住んでいた姉夫婦の紹介で、小さな庭付きの借家を借りることにした。

筆一本で食っていくぞと心に決めたころの暮らしの様子を氏はこう書いている。

「朝は早く起きて、できるだけ午前中に筆を進める。そして昼食をとり、一休みしてから、海に出かける。クロール、背泳ぎ、平泳ぎなどで泳ぐだけではなお物足りず、海獣のように、海の中で、思うぞんぶん体を廻したり、潜ったり。

海から帰って午睡、それから夕食まで書き、さらに夜十二時まで書く。

小説と向きあって、中途に水泳と午睡をはさむだけの単調な日課。訪ねてくる人もいない。東京に出かけることもない。そんな日々の中で、『総会屋錦城』も『大義の末』も書くことができた」

（略）

「濡れた体で家に戻ると、容子が食事の支度をしておいてくれ、今日は息子が畠でネギを引き抜いてお百姓さんに叱られたとか、ニワトリに追いかけられてほうほうの態（てい）で逃げ帰ってきたなどと、報告を受ける。そしてまた、原稿を広げて、柿見との対話をゆっくりと続ける。こんな生活をしたかったのだ。私は、自分が充たされているのを感じた」

ここにある「柿見」とは、天皇制をテーマに据えた私小説ふうの作品「大義の末」の主人公の名前である。満ち足りた暮らしに対する素直な喜びに溢れた美しい話だ。

このあともずっと茅ヶ崎に居を構えて、城山氏は作家活動をつづける。『そうか、もう君はいないのか』の最後に、次女の井上紀子さんが父親の晩年を回想している。愛情溢れるその思い出の記によれば、氏は、晩年それまでの一戸建ての自宅と同じ敷地内に、夫婦二人で住みやすい家を、と考え新築した。

仕事は仕事場で、家では寛ぐのみの生活という容子さんの理想を受けて、城山氏は駅前のマンションを仕事場として、日々自宅から歩いて通い、仕事の打ち合わせも仕事場か駅周辺でするようになったという。

ところが、容子さんが突然倒れて入院してから、自宅に寄りつかなくなってしまった。そして亡くなってからは、紀子さんの言葉を借りれば「母との終の住処には帰れず、仕事場が父の住居と化してしまった」。妻が亡くなって氏は大きな精神的痛手を受けて、同時になかなかその死を現実のものと受けとめようとしなかった。仕事場で暮らす氏は憔悴していった。

二〇〇六年に容子さんの七回忌が終わったころ、心身がひどく弱りはじめた父親の姿に、いよいよ見かねた紀子さんらが、自宅に帰るようにと説得し、すでに紀子さん家族が越してきていた氏の自宅に戻った。そして紀子さんが付き添い仕事場へ通う生活が再開した。その翌年の三月に城山氏は病院で亡くなったが、直前まで妻との終の住処で暮らしたことになる。

茅ヶ崎には、作家、開高健も暮らしていた。それこそ歩いて海まで一分ほどのところにあった彼の自宅は、いまは「開高健記念館」として、茅ヶ崎市が管理している。彼の仕事の足跡が展示され、趣味の釣りのルアーなども置かれた木造家屋にはしゃれたテラスがある。城山氏は亡くなる前年に初めてここを訪れて、テラスの所にいき、「開高らしい家だな」などとつぶやいていたという。

作風はまったくちがうが、同じ時代を生きた二人の大作家は、奇しくも数百メートルしか離れていないところを終の住処として、作家活動をしていた。

考察 ライフスタイルが住まいの場所を決める

首都圏の住宅地の地価が下落傾向にあるなかで、海に近い湘南地区はその影響をあまりうけていないようだ。地元の不動産業者に聞いても、不況の波は比較的少ないという。つまりあまり世の中のビジネスの動きに良くも悪くも連動していない。我が道を行くようなところがこのまちにはある。都心に通うことだけを考えれば六〇キロは距離があるし、その割に土地の値段（とくに）海側はそれほど安くない。効率だけを考えれば私鉄沿線のほうがスマートである。それでもこの地が人気があるのは海があるからにほかならない。逆に言えば、海に興味がない人にとっては価値は半減するような地だ。

サーフィンをはじめ、釣り、ランニング、カヌー遊びなど、だれもが海辺でのレジャーを楽しめる。また、音楽文化とも切り離せない地であって、駅の周辺をはじめとしてポツリポツリと小さなバーやカフェがあり、ライブをするところもある。一方、商店をみると海側ではまだ八百屋や魚屋がけっこう営業をしている。

こういう個人営業の店がつづけられるのは、一つには都市計画法上の規制から、大容量の建物を建てるメリットがないことが挙げられる。良好な住宅環境に適している土地が多いということだ。これは住まいを決める際に配慮すべき点である。法律上どんな種類の土地なのか(これを用途地域という)を、注意しないと突然日照阻害を受ける建物を前に建てられるといった被害にあっても文句は言えない。

大貫さんはリタイアして、地元で家探しをした。ここで奥さんとの意見のちがいがあり一時は険悪になった。仕事の都合で住む場所やかたちが限定されるのは仕方ないが、リタイア後は住居は自由に選択できるだけに、ここに来て夫婦の好みのちがいが露骨になるので注意が必要だ。夫の側の意向を押しつけることは無理がある。

チャートにそって大貫さんのライフスタイルをみると、リタイア前、地元でずっと暮らしたいと思っていた大貫さんは、家族との関係もそのまま維持していく方向であり、家を購入する余裕はあった。健康状態は多少不安はあるそうだが、サーフィンという全身運動をしたり、食事などにも気をつけていたから大きな問題はない。ボランティアなど社会的な活動には関心はあるが、仕事という点では完全リタイアだ。

これからすると、大貫さんの状況は「4」の「家族と相談して自由に住まいを決める」となるようだ。

10 転勤・転職後にたどり着く住まいとは

会社員生活を離れたあとの居場所

勤め人である限り、会社の命にしたがって住む場所を替えることはよくある。そのなかには単身赴任のために家族が別々に住まいを構えることもある。子供が育ちあがって、そして仕事の第一線から離れてふと自分の居場所はどこかと考えたとき、妻や子供たちとはちがうことがある。

家族関係に問題があるということではなく、自然の流れとして必ずしも家族が同じ居場所を求めてはいないという結果の表れだ。そこで、どう折り合いをつけるか。

「あの家はいいんだ、子供たちにあげるから、俺はいずれ横浜あたりで中古のマンションでも買って、暮らそうと思う」

大手メーカーの管理職にある村井明人さん(仮名)は、そう考えている。「あの家」とは、彼が世帯主である木造二階建ての住宅で、自分はそこに住まずに子供たちにあげるのだという。これには事情がある。

彼は大学を卒業後就職しておよそ二八年になるが、アメリカ、アジアという海外を含めて、これまで通算一四年近く単身赴任の生活をしている。端から見れば家族のことより仕事を重んじる典型的な会社人間だと思われるだろう。しかし、最大限家族のことを考えながら、かつ自分の仕事に厳しく誠実でいようとして、ここまで駆け抜けてきた。結果として彼は出世してきた。が一方で、そろそろサラリーマンとして先も見えてきた。二人の子供たちももうほとんど育ちあがった。会社員生活を離れたあと、あるいは第一線を退いたあとのことを最近考えるようになった。

いま村井さんは社宅の一室に暮らしている。自宅は東海地方に勤務していたころに愛知で建てたものだが、ここにはわずか三年間家族と一緒に住んだだけで、海外に転勤になった。家族はようやく地域で落ち着いたところだったので、彼は単身赴任を選んだ。そして次に戻ってきたと思ったら今度は首都圏に転勤になった。仕方なくまた単身生活を続けることにした。

今後もおそらく、自宅から通うような所には勤務する予定はないし、さらに先をみれば、出向となったり、会社をリタイアしてからも地方にある自宅には戻るつもりはない。会社の勤務地の関係で、たまたま現地で住まいを設けたが、そこに住んだ期間は短いし、地域にも愛着はもっていない。

一方、妻の瑞穂さん（仮名）と長男、長女の家族三人は、彼が単身で生活をしている間、その家で暮らしてきた。小学校から、中学、高校までをその家から通った。また、妻も地元でずっと働いてきた。妻と子供たちはその意味で、地元のコミュニティーに深くかかわっている。学校を卒業してからは、子供たちは家を出ているが、近くで独立して職場や専門学校に通っている。

長男は地元の企業で働いているし、長女は医療関係の仕事を目指していて、同じ職につく母親を頼りにしているところがあり、また母親としてもアドバイスなどをしてあげたいという気持ちもあるから、母子三人は自宅を中心とした地域が生活圏になっている。それは今後も変わることはないと予想される。

会社員の場合、仕事の都合で転勤し、そこで家を買ったり建てたりする。しかし、夫は仕事で忙しく地域とのかかわりはほとんどないし愛着もない。一方、夫の都合でついてきた妻や子供は逆に地域に根ざした生活がはじまる。夫がリタイア近くなってほんとうに住みたいところを考えたとき、妻子はすでに地域にどっぷり漬かってもはや離れられなくなる。よくあるケースだ。

重職にある彼は、毎朝六時前には起床して八時にはデスクについている。土日も出勤することが多く、海外出張は多いときで年に一〇回ほどになる。

自炊をすることはなく、昼は会社で、夜は会社の仲間と食べたりするが、たいていはコンビニなどの弁当を買ってビールを飲みながら社宅で食べている。身の回りのものは自分で洗濯をして、その他はクリーニング屋に出す。学生時代から几帳面な彼は、身の回りのことを自分で整理整頓するのはさほど苦にならない。

これだけ忙しいから、家族のもとに帰るのは、出張を利用したりしても年間に数回、自宅で過ごす日は合計して年間一〇日あるかないかといったところだ。唯一のリフレッシュはたまに出かけるゴルフや友人と夜に杯を酌み交わすことだ。こうした生活がおそらくこの先もつづくと思われるし、場合によっては海外への転勤もある。もしそうなればもちろんまた単身赴任だ。こうした激務に追われる彼の生活に家族を巻き込むのは彼としては逆に神経をつかってしまう。

この点は、同じ単身赴任をしている会社員でも意見のわかれるところだろう。もちろん、子供が小さいのならやはり一般的には、どんなに忙しくても家族が一緒にいるのが理想だろう。しかし、子供もある程度成長し妻にもそれなりの仕事と地域での生活があったら、父親のめまぐるしい仕事中心の生活のペースに巻き込んで一緒に暮らすことは、お互いにマイナスになることも考えられる。また、彼が言うには、

「子供たちの生活ぶりを目の当たりにしていたら、けっこう口うるさく言ってしまって、神経をつかってしまう」と。

村井さんは、妻子のことをもちろん大切に思っているし、頻繁に電話やメールで連絡をとっ

ている。そして時々自宅に戻る。この時間と距離をおいた関係が互いにいいようだ。ただ、これだけ離れていると、子供たちが難しい年ごろには教育面で母親にかかる負担が大きかったろう。事実、子供たちが思春期にさしかかったときに、彼の二度目の海外勤務が決まって、さすがに気丈な妻も涙を見せた。こうした母の姿を近くで見ていた娘から「お父さんはもっとお母さんのことを大切にしてあげなくては」と言われ、返す言葉がなかった。心では大切に思っていても、実際の行動がそれを裏付けていないととられても仕方ないのだ。

家族のかたち

よく、単身赴任家庭では子供たちが問題を抱えるという話をきく。彼のところにも問題がなかったわけではないが、それが大事にならなかったのは、妻の瑞穂さんの努力と性格のおかげといっていい。この点は、世の亭主族にとっては、理想のようなうらやましい話がある。たとえば、瑞穂さんは子供たちに、日ごろから、「お父さんが一生懸命働いてくれるから、こうして生活できるんだよ」と、話している。たまに村井さんが帰ってきて、一緒に外食するときでも、食事が終わって会計する前に子供たちは「お父さん、ごちそうさまでした」と、感謝する。どうだろう、こういう家庭はいま少ないのではないか。「子供がいないと、おかずが一品少ないような気がする」と、首をかしげるある亭主族の一人の話と比べれば、嬉し涙が出そうなくらいだ。

村井さんの家庭は、妻の努力と忍耐によって維持されてきた部分が大きいわけで、村井さんは感謝とともに少し負い目も感じていた。だから、二度目の海外赴任がもうそろそろ終わろうというころに、日本にいる妻から彼の所に封書の手紙が届いたときには驚いた。日ごろ、電話やメールでやりとりしているのに、あえて封書が来たことに彼は一瞬、「もしかして離婚届が入っているのでは」と、冷や汗をかいた。恐る恐る開けてみると、それはふつうの手紙で、便箋には、在任期間もあと少しとなった現地での勤務に気をつけて下さい、といった内容だった。

長男は就職して最初の給料で両親にプレゼントをし、ときどき父親を居酒屋へ招待もした。彼にとっては嬉しい限りだ。ただ、欲をいえば、子供たちには地域のなかにとらわれずもっと外の広い世界も見てほしいし、読書などを通して世の中のことを考えてほしいと願っている。

これは、近くにいて自分が何かそうした教育やアドバイスをしてきたわけではないから、半ば仕方がないとも思っている。世の父親には、自分の背中を見ていれば、何も言わなくても、ある程度のことはわかってくれるなどという気持ちがある。が、それは勝手な思いこみに過ぎないのだろう。

この先、愛知の家をメインにして暮らすことはないから、そろそろ社宅を出て、リタイア後の生活を見通して、中古のマンションでも買おうかと村井さんはずっと考えている。候補は、彼が若いころに慣れ親しんだ神奈川県の湘南か横浜あたりだ。ここに妻を呼ぶことを考えているが、彼が仕事をしているうちはどうもそれには消極的になる。朝から晩まで、そして休日まで出勤するようでは、彼女としては取り残されてしまうからだ。また、東海地方にいる子供たちとの関係もある。

それがわかっているから、「こっちへ来ないか」とは簡単には言えない。仮にリタイアして、仕事から離れたらどうだろうかというと、この場合でも不透明だという。愛知に残した家はもう少しで住宅ローンも終わるし、自分の居場所を確保して、帰りたいときに帰れるようにして、日ごろはこのまま自分一人で暮らすのが気楽だという気持ちにもなっている。

村井さんがいまのところ描く終の住処は、気ままな一人暮らしで、ときどき家族と一緒になるというかたちらしい。家族は一緒に居てこそ家族だという意見はある。だが、一緒にいることで、かえってぎくしゃくしてうまくいかなくなる場合もあるのではないか。これは夫婦とて同じだろう。一緒にいるのが当たり前だと思いこんでも、それは夫だけ、あるいは妻だけの話で、実は、意見がちがっている場合がある。いよいよ助け合わなければいけないときまで、つかず離れずという互いに独立した暮らしをしてみるというのも一つの方法だろう。

考察
適度な距離を置いて模索する夫婦の住処を

こんな家に住みたい、こんなところで暮らすのがいいという議論は、家族間、あるいは夫婦間でよくおこなわれる。話のなかで夢や現実が交錯し、それも半ば楽しみながら進んでいく。しかし、住まいのかたちを選ぶということは、最後は具体的な話になるから、いざ決めるとなると食いちがうことがある。先に紹介した大貫さんの例もこれに該当する。

とくに歳をとってからの住まいづくりは、終の住処になるだけに、両者とも譲れないことがある。面と向かってそうは言わなくても、すんなりと同意できないことがある。「私は女房がよければいいんです」とか、「夫について行くだけです」という夫婦もいる。片方が強烈なリーダーシップをもっている場合はとりあえずはいい。しかし、最後までそれがつづかず、たまった不満がわきあがってくると危ない。

村井さんは妻子にこれまでの生活の拠点となってきた愛知の家を今後も残してやりたい。転勤につぐ転勤で〝故郷〟をもちづらかった家族にとってそこが拠り所だからだ。だが、自分にとってはそこは〝故郷〟にはなりえない。仕事中心の生活で、かつ地域とのかかわりをもたなかった場合、主である夫はどこに最後の住処を求めたらいいかとなる。

村井さんと同じ五〇代のSさんも自宅はかつて勤めていた会社の職場に近い埼玉県郡部で、

二〇年ほど前に戸建てを買った。地域との関係はほとんどなかったが、反対に妻は地域で社会活動に熱心に打ち込んでみずからコミュニティーをつくる立場にも立った。Sさんはその後転職して都心にセカンドハウスを借りて二重生活になり、ますます地域とのかかわりは少なくなり、都心の生活により魅力を感じている。

このほか、海外勤務経験を含めて転勤の多かったYさんは東京郊外で妻と子供二人とで賃貸マンションに暮らしていたが、いよいよ夫婦ふたりだけになって、マイホームを所有することを希望する妻と定年を数年後に控えて、早めにリタイアして別の仕事をしようと思案している自分と意見が合わず、別々の終の住処も検討している。以上のように、最終的な住まいのかたちは家族のなかでもわかれる可能性はある。そのとき互いに感情的になって一緒にいることにこだわるより冷静に同意できる部分とちがう部分を確認しながら着地点を見つけるのは大切だろう。

もう一例紹介しよう。もともと神奈川県中部で暮らしていたKさんは四〇歳の時に、仕事のし過ぎで体調を崩したのを機に富士山麓の別荘地にセカンドハウスを建てた。しばらくしてここを終の住処と決め、別荘周辺の地元の人たちとの交流も積極的に進めすっかり地元になじんだ。そして妻と娘を呼んだのだが妻はこれまで暮らしていた地への愛着からなかなか応じなかった。しかし、最終的にはKさんが妻の暮らしやすいように妥協案を出したので、妻も合流、新生活をはじめた。夫の一生懸命の暮らしぶりと説得が妻を説き伏せた例である。

ところで、村井さんの希望を実現しようとしたら、二つの住処をもつことになるが、彼は新たに購入する場合は2LDKほどの中古マンションを検討している。資金は在職中にもう一度住宅ローンを組み、その後退職金で補充する計画だ。金融機関は一般に会社員（とくに大企業の）に対しては高齢でも融資はする。つまり村井さんのような計画は在職中に先を見越して実行するのが妥当だろう。

11

職人が考える理想の家は

腕と道具だけを頼りに

最後は、どこに住むかという問題と同時に、こんな家に住みたいというこだわりをもっている人もいる。是非家のなかに〝隠れ家〟としての書斎なり自分の仕事場をほしい、作業場をつくって日曜大工やものづくりに没頭したい、防音装置のついた部屋で楽器を演奏したい、あるいは平屋の日本家屋で落ち着いて和風に暮らしたい、といった家のかたち・スタイルを楽しむことに専念したいタイプだ。

私の知人に企業のエンジニアがいるが、終の住処になりそうな家を建てようとしている彼は、とにかく車を修理したりいじるためのガレージを充実させることをなんとか実現しようと計画している。ものづくりが好きな人は、時間の使い方がうまいような気がする。もちろん、それが夢で終わる場合もあるが、夢の一部でも達成できれば嬉しいし、いつまでもそうした夢をもっていることは羨ましい限りだ。建具職人として長年東京で腕をふるってきた飯田稲美雄さんは、いかにも職人らしい家についての考え方をもっている。

日本の国土は都市部から少しでも離れれば、山ばかりでどれも木々で覆われている。が、これだけの木がありながら、日本の住宅に国産材はあまり使われない。その理由は第一にコストの問題である。ロシアなどからの輸入材のほうが安いから、国産材は使われなくなり林業は衰退し、手入れをされないまま放置された山がいたるところで生まれる。

東京湾の奥、江戸川区の新木場という木材の集積地でも、かつてのにぎわいはない。製材のコストも中国が安いから、木場の製材所を通り越してしまうことがあるという。それでも、まだ貯木場から丸太を引き揚げて、皮を剥いで切り刻んでいく新木場らしい光景が見られる。

数年前、どうやって巨大な丸太から住宅用の製材ができていくのか、見せてもらう機会があった。江戸川区で建具屋を営んでいた飯田さんが住宅の取材をしている私のためにと連れてきてくれたのだった。

飯田さんは、このとき自宅とそれにつづく仕事場を構えていた。物腰はやわらかいが、職人気質でいい加減なことが大嫌い。木の魅力を知っているだけに、木造住宅と銘打ってあっても、いまやほんとうの木材を使っている住宅が少なくなってしまったことを残念がっている。

建具職人として半世紀余を生きてきた飯田さんは一九三〇(昭和五)年、東京江東区に生まれた。一四歳のときに東京大空襲に遭う。一夜にしておよそ一〇万人が亡くなったこの空襲で命からがら逃げのびた。その途中で凄惨な現場もいくつも目にしたし、多くの同級生を失った。

焼け野原の東京を離れて、両親とともに静岡県の掛川に疎開し、軍需工場で働いた。ここでは、爆撃機のタンクを抱える木製のバンドのようなものをつくっていた。が、まもなく終戦となり、軍需工場は桐のタンスなどをつくる工場にかわった。その後静岡で家具づくりをして、また掛川のタンス工場に戻ったが、一九四七（昭和二二）年、生まれ故郷で仕事をしようと上京し、建具屋に住み込みで働いた。しかし労働条件は悪く、そこはしばらくして去り、次にある製材屋で手伝いの職を得た。

東京で建売住宅の建築が見られるようになったころで、飯田さんが勤めた製材屋でも建売住宅を手がけることになり、飯田さんがその建具を担当した。ここで一八歳まで勤め上げると「職人としてやっていこう」と独立、本格的な建具職人の道を歩みはじめた。といってもこれといったつてはない。腕と道具だけを頼りに深川界隈の建具屋をまわって、仕事をもらうことにした。すると必ず「親方はだれだ」ときかれる。職人は仕事を教えてもらった親方がいるのが常だからだ。しかし、飯田さんに親方と呼べる人はいない。

「親方はいません」と答えると、「いないってことはないだろ」と、詰めてくる。それがほんとうだとわかると今度は腕を信用しない。「それなら、やらせてみてくれ」。飯田さんが頼むと、相手は縁側の欄間をつくって見せろという。そんなものは見たこともなかったが、そうは言えない。飯田さんは、同じような欄間をもつ家はないかと屋敷町を歩き、ようやく見つけてなんとか実物を参考にしてつくって見せたこともある。

「いつも大学ノートを腰のポケットに入れて、変わったものが店先にあったりすると、スケッチをさせてくださいといって、そのつくりを覚えたもんです」

それでもわからないときは、先輩格の職人に頭を下げる。ただでは済まないので、相手の求めるままにタバコを買ってきたり、酒を飲ませた。こうして技術を磨き、二四歳のころ建具屋を構えた。その後、取引先の建築会社が倒産して、大損害を被ったりするなど紆余曲折はあるものの、昭和三七年に江戸川区船堀で「飯田木工所」を開いた。

飯田さんは、基本的に特殊な建具やいわゆる高級な建具を手がけてきた。大手の建設会社が請け負う木造建築物に使われる建具の類である。代表的なところでは、横浜の大仏次郎記念館の茶室がある。一般住宅の建具で飯田さんがかかわるのは、建築家が設計した意匠の凝った建物などに限ってのことだ。窓枠やドアや引き戸、襖や障子、それに収納の扉など、和式でも洋式でも、建物の基本構造ができたあと、括りつけで細工をして部屋や空間を仕切る造作物である。

「つくるってことは、いかにお客さんに喜んでもらうかが基本で、先にいくらうまみを出そうかなんて考えるのはだめだよ」というのが飯田さんの仕事に対する基本姿勢だ。

「夢の設計図」

　私は二度ほど飯田さんの仕事場を訪れたことがあるが、整然と道具や材木が整理されていて、建具としてのちに使えそうな扉など古い建具も、いつか出番があるのではと取り置かれていた。そのなかには、なんとも風格のある洋風の扉や、引き戸などが重ねてあったのを覚えている。こうした職人の仕事場や家を建てる現場をみれば、その職人の腕がだいたいわかると飯田さんから教えられた。雑然としているのではいい仕事はできない。

　この仕事場に出向いて終の住処の話をきこうと、久しぶりに飯田さんに電話連絡をとると、仕事場を整理したという。作業場と自宅は売却して、近くに新居を構えたのだ。「三階建ての建て売りだよ」と、飯田さんは、説明をした。「建て売り」とはちょっと意外だった。飯田さんの好みからいえば、注文住宅を想像したからだったのはいうまでもない。しかし、これには事情があった。

　廃業は、年齢的な問題と、後継者の問題から決意したと、飯田さんはさっぱりとしていた。

「娘と女房に、もう働けないんだから潮時でしょ、といわれて、あっと思ってね。仕事も薄いし。いま思えば人の話を素直に聞くことができたのは、これまでいろいろ話を聞かせてくれたみなさんのおかげだ」

自宅と仕事場を処分してからしばらくすると、景気も悪くなって、不動産の動きも悪くなったことを思うと、「あのとき決意して正解だった」と、しみじみ振り返る。

新居については、土地を買って、もう少しへんぴなところへ行こうかとも思ったらしいが、同居する中学一年生の孫娘が学校に通える範囲をと考えて引っ越し先を探した。すると今まで住んでいたところからそう遠くない、同じ駅から歩いて数分のところに、ちょうどいい建て売りの三階建てが見つかったので決めた。都会（都市部）では、建ぺい率と容積率をめいっぱい使って、狭い土地でも有効に使おうという発想から、今では木造三階建てはめずらしいことではなくなったが、そうした住宅の一つである。

家のつくりはというと、ドアや窓枠などほとんど既製品の建具を使った、よく見かける現代風の仕様である。できれば手づくり感のあるものが飯田さんにとっていいに決まっているところを、妥協しているのだが、「これだけは手を入れないとがまんできない」と、思ったのか、家のなかの一部は飯田さんが自分の手で改良した。和室の障子の枠はアルミだったのを作りなおした。また、合板でできた下駄箱はとりはずして、欅の木をつかって新たなものを作ってはめ込んだ。こうしたところが、建て売りに暮らしてもささやかなながか抵抗というかけじめなのだろう。

飯田さんは、家族、とくに孫娘の通学や生活を第一に考えて、現在の家に決めたことが話を聞いていて想像できる。家族のことを考えていちばんいい方法をとった。家の敷地内には車が一台止められる駐車スペースがあり、その横に小さなプレハブ小屋が別に建っていた。そこは飯田さんが木工細工をするちょっとした作業場だった。もう仕事をしないから、大きな作業場は必要なくなったが、長年親しんだ木とのつきあいを急に断ってしまってはさびしいだろうからと、長男が用意してくれた、と嬉しそうに飯田さんは話していた。

「嬉しいのは、いまでも『どうしてる？ このくらいのものなら作ってもらえる？』って言ってきてくれる人がいるんですよ。いまは機械はないけれど、それがかえってよくて。手作業でできるからいいものができる」と、満足げだ。

飯田さんにとっては、これが家族と暮らすには終の住処になる可能性は高い。しかし、自分が住みたい家、という点では、「いまでも夢はあるよ」と、自慢げな顔をした。家や木材の話になると目の輝きがちがってくる。頭のなかには、すでに「夢の設計図」ができあがっている。純日本風の平屋の木造家屋で、間取りは四畳半と八畳の和室に台所、それに風呂とトイレ。そう説明しながら紙に間取りを書いて私に見せた。

家の仕様もすでに頭に入っている。土台は一二〇ミリ角の檜を使う。柱は杉と檜が半分ずつで、これは一〇五ミリ角にする。壁は和室には聚楽壁を塗り、廊下回りは漆喰だ。次に天井だが、杉の杢を敷目張りにする。ふすまと障子に囲まれた、まさに純日本風の装いだ。

木材は工場で機械によるプレカットのものではなく、現場で刻むようにする。屋根は切り妻の瓦葺き。ひさしは一二五〇ミリ以上と、通常より少し長めにとるのは、家を長持ちさせるためだ。メンテナンスのこともしっかり考えている。全体で建坪は一七、一八坪とこぢんまりとしている。広さでもコストでも必要最低限でいいのだろう。襖はシンプルで飾り気がなく、障子の格子の細い木がなんとも美しい。外から見れば瓦屋根が目立つ、小ぶりだがしっかりしたたたずまいだ。

これで、予算はというと、手元の計算機をはじいて一二〇〇万円くらいと見積もった。これが飯田さんの理想の家。なんだかこちらも楽しくなる。夢が語られるのはいいものだ。完成した家を想像してみると、木の香りがして、適度に風通しがよく、湿気の多い日本の気候風土にぴったりで、自然の壁が湿度を調節してくれる。畳の上にごろりと横になってみればさぞ気持ちがいいだろう。

「これは夢に終わるだろうが、いままでの人生を振り返ってみれば、いろいろ苦労もしたし実現しても決して罰があたらないと思う」。そう飯田さんは結んだ。その語り口の確かなところからまだまだ夢は捨てていないことが伝わってくる。

考察

家族のために妥協するが、夢は捨てず

理想の家を描きながらも、現実としては家族のためのかたちを選ぶ。この辺の飯田さんの生き方を聞いていて、ふと、ある短編小説の登場人物を思い出した。アリステア・マクラウドというカナダの作家の短編集『灰色の輝ける贈り物』(新潮社、中野恵津子訳)にある「The Boat」という作品にその人物は出てくる。

舞台は、カナダの北東部にあるケープ・ブレトンという、スコットランドからの移民が住む島で、人びとは主に漁業や炭鉱で生計を立ててきた。マクラウドはそこに暮らす人びと、家族を一つのテーマとして、繊細に描くのだが、私が思い出したのはそのなかのある漁師のことだった。

この漁師のことが彼の息子(私)の視点から描かれている。周りは漁師ばかりの家系だったが、彼はほかの漁師とちがって読書好きだった。しかし、妻は漁師が本を読むことなどにまったく理解を示していない。息子はこうした父親を見て、肉体的にも精神的にも漁師に向いていないのではないかと思う。父親はあるとき息子と本の話をしながら、ほんとうは大学に行きたかったという話をする。そのとき息子はただの夢物語のように聞き流しただけだったが、後になって父のことをもっと知りたくなり、同時に父に対する愛情を強く感じる。そこで作者のマクラウドは小説のなかで息子（私）にこう言わせる。

「自分本位の夢や好きなことを一生追いつづける人生より、ほんとうはしたくないことをして過ごす人生のほうが、はるかに勇敢だと思った」

飯田さんは自分で選んだ職人という仕事を全うしたという点では、この父親とはちがうが、家の選び方などを見ていて、なにか似ているところを私は感じた。飯田さんだけではない。世の中の大半の父親たちは、ほんとうにしたいことより、生きていく上で、仕方なくやらなくてはいけないこと、あるいはしたくないことをして多くの時間を過ごしているのではないか。

それを、「たった一度の人生、やりたいことをやれなくてどうする」とか、「よくそんなことをがまんできるな」などといって、批判する人がいる。これは思いやりにかける。そういう私こそが、よくそういう言い方で他人の人生を煽ったことがある。自戒を込めて言えば、それには一片の真理はあるものの、身動きのとれないなかでじっと不本意な人生を家族のために送っている人間に対する配慮があるとはいえない。

飯田さんのように七〇歳を過ぎて自宅を売却して新居を構えるというのは、一般的にかなりのエネルギーと決意が必要である。実行に移すことができたのは、仕事場をたたむ決意をしたことと、家族のためになるという考えによる。

飯田さんにとって、新居は自分の理想の家とはかなり離れているが、家族のためになる点で、そこには自負すらあると思う。「次世代のためになる」ことで終の住処を残したことになる。

仕事場を畳む前の時点での飯田さんにとっては、終の住処を考える上でなにより家族のことを考えた。いままでの家族との関係を維持する必要もあった。その上で仕事場と住まいを処分した。結果的に新居の購入へとつながる。健康状態は良好だが、建具づくりは趣味の領域に収めて、仕事としては引退すると決めた。

これらからすると、チャートでは「4」の「家族と相談して、自由に住まいを決める。海外など新天地を求めるかどうか」となる。家族の意向は、飯田さんの意向でもあり、新居というかたちで新天地を求めたことになった。

12 老人ホームは終の住処か

病院化する特別養護老人ホーム

一般に老人ホームといってもいくつかの種類があるが、福祉関係の施設や制度は、名前からしてわかりにくく、自分の親がそうしたホームに入っている家族ですらその〝ホーム〟がいったい正確にはどのようなところなのかわかっていない場合がある。まず、この種のホームのなかで公的な制度にもとづくのが特別養護老人ホームである。「特養」とよく言われるこの施設は、月額の利用料は数万円で基本的に二人部屋か四人部屋になっているが、徐々に個室化が進んできた。入居を希望する人数に対して、圧倒的に施設の数は少なく一般的に申し込んでから二、三年して入所というのはよくあることだ。特養の改良型で新型特別養護老人ホームというものも登場している。これは全室個室で一〇人前後のまとまった単位で生活することになっている。今後この新型が増えていく方向にあるが、施設の数が足りないのは特養と同じである。

特別養護老人ホームはこの四半世紀で大きく変化してきた。さまざまな福祉現場の取材をするなかで、私が最初に特別養護老人ホームを訪れたのは、介護保険制度導入前の九六、七年だった。それからのち何年かに一度こうしたホームを訪れる機会があったが、年々特養に入所する人たちの高齢化は進み、昨今は一〇年前とはかなりホームの様子もちがっている。

要介護度が高い人の入所希望は増え、またホームとしても経営上そのほうが好ましいこともあって、こうした人びとが施設内で占める割合が増えてきている。当然、かつてはホーム内でおこなわれていた、趣味の活動などにも参加できる人は少なくなってきた。これに対して、口から食事をとることができない、腹部に穴を開けて直接胃に栄養分を注入する胃瘻（いろう）という方法をとる人が増えているようだ。いまや特養は、お年寄りの住まいというよりもむしろ老人病院的な様相を強めているといっていい。つまり特養に入ることができるようになったころには、残念ながらもはや自分の意志や体力だけでは何も決められない状態にある。その意味で、特養は本書でいうところの終の住処とはいえない。

誤解のないように言っておきたいのだが、特養の価値を決して過小評価するのではなく、超高齢社会にあって、もっと多くの公的な老人福祉施設が必要であるのはいうまでもない。そもそも介護保険制度が家庭での介護を前提としていることに問題がある。施設が少なく、低所得者では施設への入所が困難な状況にある。在宅での老老介護、子供に頼った介護で、疲弊している家庭がどのくらいあるかは想像もつかない。

こうして公的な施設不足のなかで、ある程度所得や資産がある人で、介護サービスを必要とする人や、近い将来介護を受けるだろうという心配があるが、家族などによる在宅の介護を望まない人などは、現在有料老人ホームを選ぶ傾向にある。また、六〇歳以上で、基本的に自立した生活をできる人や、独立して生活するには不安のある人には軽費老人ホーム（ケアハウスなど）という比較的安い費用で入居できる老人福祉施設も選択肢として考えられる。

有料老人ホームは、特別養護老人ホームなど公的な老人福祉施設を補うかたちでビジネスとして特に近年、雨後の竹の子のごとく登場した、高齢者のためのサービス付住宅である。そもそも一人暮らしで金銭的にも余裕がある人が、ホテルライクな生活をするために利用していたのが有料老人ホームで、もちろん福祉施設ではない。しかし、利用者が時代とともに高齢化し、介護をしてくれる施設が不十分なことから、有料老人ホームのなかにいて介護サービスも受けられることが求められてきた。そこで医療・介護サービスを受けられるホームがいまでは一般化してきた。二四時間、看護師が対応し、医療機関と提携したりといったように、福祉・医療の領域が〝ホテル〟のなかに入り込んだようなかたちになった。

そのため、利用者のほうは、ともすると有料老人ホームを施設という認識をもって「入所させてもらう」ところだと思いちがいをしたりし、逆にホームの側には、福祉の部分が入り込んでいるにもかかわらず、老人福祉についての専門的な知識が不足している場合が多々見られる。

近年、福祉事業とはこれまでまったく関係のない企業が有料老人ホーム事業に次つぎと参入しているなかで、入居に際してはホームが老人福祉への専門家を配しているか、スタッフの教育は十分かといった点に注意する必要がある。

料金については、基本はホテルと同じで、ホームの立地条件や豪華さや居室の広さ、そしてサービスの内容などのちがいがそのまま支払う料金に反映されると考えればいい。料金の仕組みは大きく見れば、入居のための一時金を最初に支払い、管理費や食費など毎月の費用は別に支払う。また、介護が必要な人はそれぞれ別途その料金を支払う。

入居一時金については最初に多くを支払い、月々の支払いを少なくするか、最初にできるだけ支払い分を抑えて、月々の支払いを高くするほうを選ぶかなど、さまざまなオプションがある。数百万単位から数千万単位まで幅は広い。一般的に、六〇代で入所して将来長生きするだろうと考えるなら最初の一時金を多くしたほうが、少ない一時金で月々の支払いを多くするより最終的に負担は少なくてすむからいいだろう。

しかし、これはあくまで同じホームにずっと暮らしていた場合である。入居してみてどうも気に入らないから、退居したいとなったときは一時金が返還されるが、その額はそれまで入居していた期間に比例して減っていき、ある期間を過ぎると返還金はゼロになる。そのリスク（可能性）が気になるなら初期投資は少ないほうが無難だ。マンションのように所有権ではなく、あくまで利用権なので売買はできないが、固定資産税などはかからない。

また、月々の費用については当初予定していたより、多くかかってしまって困ったという声をよくきく。これは、入居者側が無料だと思っていたサービス（ナースコール、食事の個室への配膳など）についても細かく課金されていることがあるためだ。入居の際にはどこまでが無料で、どこからが有料なのかなど、そのホーム独自の料金体系を細かくチェックする必要がある。さらに、万一、老人ホームの経営が破綻した場合のことも考え、経営状態を注視しておかなくてはならない。

有料老人ホームほど費用がかからないという点で昨今増えているのが、高齢者専用賃貸住宅だ。通称、「高専賃」と呼ばれる集合住宅は、文字どおり高齢者のための賃貸住宅で、食事サービスや二四時間体制の医療・介護サービスが付加されていたりする。入居時にかかる費用は民間の賃貸マンション並だったり、有料老人ホームのように一時金を必要とするところもある。

高齢者が賃貸住宅に入居しようというとき、「高齢」を実質的な理由にして、拒否される場合が慣例になっていたが、二〇〇一年に「高齢者の居住の安定確保に関する法律」が施行され、こうした差別が解消に向かい、その流れのなかでビジネスとしても発展性があるとみられたことで「高専賃」が生まれた。建設に関しては、法的制限が緩いこともあって、不動産業者なども参入してきた。しかし、サービスや運営については、同じ「高専賃」でも内容はかなり異なる。

実際に終の住処として、最後まで暮らせる「高専賃」はまだ少ないようで、最終的には有料老人ホームなどへ移ることを前提に考えなくてはいけないようだ。

有料老人ホームという選択

東京都下の有料老人ホームで暮らすTさん夫妻は、ともに八〇歳を超えている。現在、介助なしで日常生活を送ることはできない。Tさんは自分で食事をすることもできない。妻のほうは食事は自分でできるが、移動するには介助が必要だ。基本的には介護保険を使い、あとはホームのサービスで生活している。週に何回かは、都内にいる二人の娘がホームを訪れ、車椅子の夫妻を散歩に連れ出している。

多摩丘陵の自然環境豊かな地に建つこのホームは、リゾートホテルのようなたたずまいをしている。建物内部のつくりも優雅で置いてある家具や調度品が高級感を醸し出している。当然、入居にあたっての一時金(利用権)は、平均的な昨今のホームより高く、夫婦二人で数千万円。これは居室の広さによって異なってくる。

夫妻は九年前に横浜市内の大きな一戸建てを売却してからこのホームに入った。理由はいくつかあって、まずTさんがパーキンソン病にかかり、将来健康上の不安を抱えたこと。また、それまで暮らしていた広い一戸建てを管理することや、妻にとっては買い物や食事の準備をはじめ家事一切をおこなうのが負担になってきたためだった。

有料老人ホームのガイド本などを参考に、二人の娘たちとあまり離れない範囲で、いくつかホームを見学した。その結果、二四時間看護師が待機していることや、介護が必要になったときにもずっとケアをしてもらえるといったことはもちろんだが、食事の味が口に合うというのが大きな決め手となってこのホームに決めた。居室は約六〇平方メートル。普通の都市部の有料老人ホームが三〇平方メートル前後だから二人でもかなり広い。

九年前にホームに入ったときは、まだ二人とも元気で、夫は囲碁の会に入ったり、妻はもっと活発に、書道やフラダンス、麻雀もホーム内で楽しんでいた。しかし、年齢とともに体が弱り住みはじめて六年が過ぎたころに、介護を必要とする人たちが暮らす介護棟に移ることになった。この時からそれぞれ二〇平方メートルほどの個室に分かれて生活することになった。このことは夫妻にとってショックだったというが、仮に一戸建ての自宅にいたままだったら、果たしてホームのなかでのような活動ができたかどうかわからないし、安心を得ることをできたか、娘たちと適度な距離を保つことができたかはわからない。その意味で、自ら選び取るかたちで、ホームでの生活を送ってきたといえる。

出身はTさんが静岡県で、妻は東京。結婚後は江東区の下町にある一戸建てに暮らし、その後一九七〇年代に家を貸して、埼玉県に引っ越してマンションで暮らした。理由ははっきりとはわからないが、「昭和四〇年代当時の高度経済成長期がもたらしたスモッグや、排水被害がもたらす河川の悪臭を避けて郊外のマンションに住みたかったのではないでしょうか」と、Tさんの次女A子さんは振り返る。

その後、都内のもとの家に戻って暮らしたのち、横浜市内に長女一家と一緒に暮らすために二世帯住宅を建てた。ホームで暮らす前にも、住まいや暮らし方という点では自ら選び取ってきたといえる。ただ、娘たちがホームに夫妻を訪ねるとき、ときどき母親は意識が混濁したのか「家へ帰ろう」とか「家はどこ?」と言ったりする。

「その場合の家とはいったいどこの家のことを指しているのだろうか」と、A子さんは思う。そして、少し切なくなるという。同じような話を別のホームに入っている人の家族からも聞いたことがある。この場合の「家」とは、きっといままで暮らしてきたなかでいちばんいい思い出が残っている住まいを指すのではないか、とある家族が話していた。

元気なうちに、有料老人ホームに入ろうという人は、Tさん夫妻のように病気がちだったり、家事や家の管理ができなくなってきたためという人が多いようだ。これは健康上、あるいは体力的な問題だが、精神的な問題として、子供たちから離れて一人で暮らしたいからホームに入ったという人もいる。親子だからといって一緒にいてうまくいくとは限らない。

また、嫁が絡んでよくある嫁姑紛争でこじれることもある。仲良くするに越したことはないが、歳をとったら性格はほとんど変わらない。子供といっても五〇代、六〇代だろうからこれもまた変わらない。

神奈川県中部の有料老人ホームに入居してまだ数ヵ月のY子さんは七五歳で、介護も必要ないし認知症などもまったくない。数年前に夫を亡くした後にうつ病にかかってしまったことがあるが、最近はほとんど問題はなく、友人と温泉に行ったり外食をしたりと活動的な生活を送ってきた。

Y子さんは、夫が健在なころ長男一家と暮らしていた。その後、自宅を処分して世帯をわけて、夫婦で介護付の有料老人ホームへ入った。この時点ではともに元気だったのだが、しばらくして夫が病気で亡くなった。そこで今度はホームではなく、長男一家が暮らすまちに分譲マンションを買って一人で暮らした。長男のお嫁さんとどうもそりが合わず、一人で暮らすほうが気が楽だった。幸い夫の遺産で経済的には問題はまったくなかった。しかし、七〇代中ごろになって食事の支度や家事をするのが体力的に苦痛になってきたため、再び有料老人ホームへ入ることを決めた。マンションは売却して、長男の勤務先からそう遠くない場所にある比較的安価なホームに入った。

入居に際して、約二〇〇万円を支払い、毎月約一五万円を支払っている。スタッフのサービスの仕方や食事にも満足している。ここを住処としながら、外出して旅行に出たりして自由気ままに生活している。ただ、Y子さんのように健康で、しっかりしている人は入居者のなかにはほとんどいない。

しっかりしたY子さんを頼りにするのか、彼女の部屋を訪ねてくる入居者が何人かいるのだが、記憶がしっかりしていなかったりで、このなかにY子さんが対等につきあうような人は見つからない。部屋もホテルのワンルームだし、元気で活動的な人には少々息苦しくなるのではないかと、友人も心配している。

有料老人ホームに入ってみたものの、「ここは自分のいるところではない」といってホームを出てしまうケースはめずらしくない。また、夫婦で入居しても、同様に介護を必要とするのであればいいが、高齢化の状態がかなりちがう場合は、一緒にいることが難しくなることも往々にしてある。「夫婦仲良くいいではないか」というのは、一面的な見方に過ぎない。

自分のライフスタイルと重ねた選択を

私はこれまで首都圏と地方で数ヵ所の有料老人ホームを見学した。最近では、一軒家で一人暮らしをしていた伯母が、心身共に弱って食事の支度もできなくなってきたため有料老人ホームへ入居することになって、どこかいいところがないかと頼まれて探し回ったことがある。新しくできるホームは、地価の関係から都市部では一般的に敷地も狭く、居室の面積も広めのワンルームマンションほどといったところが多い。また、バリアフリーで新しい設備機器はそろっていて内装も派手だが、壁紙といい、床材といい安っぽい建て売り住宅のようで、ホールなど共用のスペースもそれほど広くない。派手さをのぞけば特養とそうかわりはないような気がした。これで、元気なうちに入居したら、ちょっと飽きてしまうのではないかと思えた。

結局、伯母はこうした新しいホームではなく、設備や機器は古いが、敷地が広く、建物が緑に囲まれた古い有料老人ホームへ入った。年代を感じさせるシックな内装やゆとりが彼女にはあっているということだった。

入居者の高齢化が進むなか、さきに紹介したTさんのホームのように、介護を必要としない人と、そうでない人をわけるような方法がこれからのホームにはもっと求められるだろう。でないと、終の住処と思ったところが、物足りなくなったり息苦しくなったりして最悪の場合退居することになりかねない。元気なうちの有料老人ホームへの入居については、単なる価格や設備のちがいだけでなく、自分のライフスタイルを考える必要がある。

自分で決めたわけではなく、仕方なくホームでの生活をはじめたのが秋田県で暮らすKさんとN子さん夫妻だ。Kさんは東京で会社員をしていたが、六〇歳を迎えるころ、妻の実家であるこの秋田の田舎町に夫婦で引っ越してきた。子供がいないKさん夫婦は、妻の兄弟姉妹など地元の親戚から、「親戚や知人も多いしこちらに来たらどうか」と、勧められて転居を決めた。夫妻はKさんの転勤で、長い間地方都市や首都圏の賃貸住宅で暮らした。その後神奈川県内に家を建て十数年住んだが、それも処分して秋田で土地を買って家を建てた。

最初のうちは、親戚も多く、交流もあったのだが、そのうち親戚の人たちも高齢化していき、徐々に身内のつきあいも活発でなくなった。加えて、N子さんのほうはあまり外に出ることもなく、近隣とのつきあいもほとんどしないタイプだった。一方夫のKさんはあちこち自転車で出て回るのだが、なかなかサラリーマン時代の気質が抜けず、地元の人とは一線を画すようなつきあいになっていたようだ。

「寒いし、やっぱり田舎には住めない。なんでここに引っ越してきてしまったのだろうか」と、思いはじめた夫妻は、引っ越してしばらくしてから田舎の家はそのままにして、以前住んでいた神奈川県内にアパートを借りて、そこで暮らしたりもした。

しかし、二重生活も年齢とともに大変になってきてとうとう秋田の自宅に戻ったきりになった。そうこうしているうちに、同年配の親戚の人が亡くなっていく。ますます家のなかにこもりがちなN子さんは、体の具合も悪くなり、病院通いがつづいた。一方、夫のKさんは体は丈夫だったのだが、八〇歳近くになって軽い認知症がはじまった。

これが次第に進行し近くにいる親戚がみるにみかねて自治体の福祉窓口に相談し、ようやく本人への面接もおこなわれた。家のなかは掃除もままならないような状態になり、一軒の家を管理していくのは不可能かと思われた。結局Kさんは、認知症対応のグループホームに入るのがいいという結論に達した。本人はこれに最初は抵抗していたが、最後は折れた。

一方、N子さんのほうも、体が弱ってきて、一人で自宅にいて生活できなくなり、夫のKさんとは別の老人ホームに入ることになった。もはや、かつてKさんたちを誘った親戚の人はほとんどいなくなり、残された数少ない親戚に頼るしかなかった。

夫妻は別々のホームに入り、自宅は、N子さんの弟が管理している。N子さんは田舎に越してしばらくしてから都会に戻りたいと思っていた。Kさんもそういう気があったようだが、やはり一軒の家を建てて主になったからには、これを処分して都会に戻る踏ん切りがつかなかったようだ。また、もしそうしようとしても、田舎で家を売ることは難しかったかもしれない。かなりの損失が出るし、都会ではもう家をもつことができないから、賃貸住宅で暮らすしかなかった。親戚がいると思って生まれ故郷に戻って来たのだが、時間が過ぎてみれば、高齢者ばかりで、助けあうこともなかなか互いにできなかったのが実情だ。そして、戻りたいと思ったときは、かえって持ち家がお荷物になってしまい、また、体力的にも動こうという気力がなくなってしまった。

考察 住まいとしての老人ホームには熟考が必要

終の住処の話をはじめるときに、ここでいう「終の住処」とは自分の意志で決められるうちの最後の住まいのことを意味する、と記した。これからすると、いわゆる老人ホームというのは、終の住処といえるのか。答えは「イエス」であり「ノー」でもある。転ばぬ先の杖ではないが、進んで入る場合もあるし、仕方なく入る場合もあるからだ。また、いったん終の住処と覚悟して入ったものの、想定したものとちがうことなどからホームから出てしまうこともよくある。

老人ホームに入るなら、自分で判断できるうちに選んで入りたいという考えがあるのは理解できる。子供に介護などの負担をかけたくない、病気になっても安心して暮らせる場所にいたい。食事など、家事をするのが億劫になってしまった。元気なうちに有料老人ホームに入る人はこうした理由による。しかし、体力的にも元気なうちに早すぎる入居は果たしていいのだろうかという疑問がわく。

有料老人ホームが終の住処となる可能性を考えてみる。具体的にいうと、Tさん夫妻のような立場にある人はどうだろうか。まずTさんの置かれた状況をチャートに沿ってみると、家族との関係はこれまでどおりでも、健康上の不安があり、仕事をする必要はないという。まとめると「2」の「都市部や、健康に配慮した土地で家族と暮らす。家を建てかえ二世帯暮らしもあり得る」となる。実際は将来介護をしてもらう必要性を重視してホームを選んだといえる。

一方、Yさんの場合は、家族との関係を見直すために生活を変える必要があった。健康状態に不安というより体力、気力面で自活が難しくなった。経済的には余裕はある。これらから「10」の「家族関係を改善するか、元気なうちはのんびりして、地方で暮らすこともできる」となる。夫はいないから子供と距離をおきのんびりと暮らす。それがホームになったということだ。

今後有料老人ホームやケアハウスはますます増える。まだ多くの介護を必要としないうちにホームを拠点に、安心しそして充実した暮らしを選択しようと自ら進んで求めたものならホームは「終の住処」といえるだろう。

最後に、老人ホームではなくできるならば自宅で暮らしたい。だから、少しでも住環境を快適にしたいという人は、介護保険を利用して自宅の改修をおこなうこともできる。介護保険で要介護と認定されれば改修工事に対して工事代の二〇万円まで支給される。ただしそのうち一割は自己負担しなくてはならない。このほか、地方自治体によっては独自にこうした住宅リフォームについて助成制度があって、二〇万円に上乗せして工事費が支給される。

13 二〇年前のフロリダに学ぶ

老いはつらいが永遠の生ほどではない

アメリカの大西洋岸南部、亜熱帯のフロリダ州は、はやくからリタイアした人たちの、一つの終着点だった。リタイア先進地、フロリダで暮らす高齢者のマイペースな生活は、われわれの終の住処論にヒントを与えてくれる。

コクーンという映画をご存じだろうか。一九八五年のアメリカ映画で、異星人と老人たちとの交流を通して、若さや老いや死について考えさせるSFファンタジーだ。舞台はアメリカのフロリダ州にある老人ホームで、そこに暮らす老人たちが、海から引き揚げられた大きな繭（コクーン）の沈むプールで泳いだところ、不思議なことに若返ってしまう。

この繭のなかには、はるか昔に地球を訪れてそのまま海の底に放置されてしまった異星人たちの祖先がいた。人間に身を変えた異星人はこの祖先を連れ戻しにきていた。しかし、繭の若返りの秘密を知った老人たちがプールに押しかけて、繭のなかの異星人は死んでしまう。

繭は海のなかへ再び返される。そして、異星人の宇宙船がやってきて彼らは帰っていくのだが、多くの老人たちは、不老不死が約束されているこの異星人の宇宙船に誘われて乗り込んでいく。だが、人間には寿命というものがあるとして、プールに入ることや不老不死を拒む老人もいる。

人はだれでも老いることを抵抗感や諦観をもって迎える。なかにはまれに老いることが嬉しいという人もいるかもしれないが、たいていはできればいつまでも若くいたい。とはいっても永遠の生を約束してくれるような切り札（カード）をもつことができたら、果たしてそのカードを人生というゲームの最後に使うだろうか。そんなことも考えさせられる映画だ。

老いはつらいが永遠の生ほどではない。茨木のり子の「四行詩」という詩のなかに、こんな言葉がある。

生まれたときは何の痛みも知らず
けろりと二本足で立ったのに
逝くときのあまりにひどい肉体の刑罰
それはないでしょう　なんのための罠

心配しないで
死をしそんじた者は今までに一人もいない
千年も生きて流浪する
そんなおそろしい罰を受けた者も一人もいない

そして、このあとにつづく、最後の四行がなんとも含蓄がある。

匿名で女子学生が書いていた
ある国の落書詩集に
「この世にはお客様として来たのだから
まずいものもおいしいと言って食べなくちゃ」

これを読んだとき、生を受けたことの偶然のありがたさと、それを謙虚に受け入れる姿勢の尊さに気づかされ、私ははっとしたが、みなさんはどうだろう。その前の「八行」に戻れば、不老などというのは、一種の罰ではないかという気がする。ずっと生き続けることは、逆にほんとうに苦しいことだろう。茨木氏自身は、一人住まいだったところ、自宅で亡くなっているのを訪れた甥に発見された。生前に自身の「死亡通知」を用意しておくなど、この詩人の作風のように自らの最期への対処もさわやかで凛としたものがあった。

映画の話に戻れば、舞台となるフロリダは、アメリカでは早くから老人たちの〝メッカ〟として知られていた。亜熱帯の暖かい気候、東は大西洋岸に長い海岸線を有して、北のジャクソンビルあたりから南のマイアミビーチまでそのほとんどが砂浜になっている。西側は、メキシコ湾に面し、タンパやセントピータースバーグといった都市も含めてここもずっとビーチが広がっている。海沿いにはところどころコンドミニアムが建ち並び、その合間に大きな屋敷が点在する。

飛行機の窓から下を見るとよくわかる。緑がかった青い海と砂浜の境は打ち寄せる波が砕けて白くなっている。家の屋根のそばにポツン、ポツンと見える青い四角や丸はプールだ。海に注ぎ込む大きな川にはところどころ、小さな桟橋が出ていてボートがつながれている。少し内陸部に入れば、どんどん宅地開発が進み、ところどころにニュータウンができあがっている。

平らな土地、延々とつづくビーチ、一年中温暖な気候、これらに惹かれてニューヨークなどアメリカの北東部をはじめ全米、そしてカナダから多くのお年寄りが、このフロリダへリタイア後に集まってくる。最も早くこうした傾向が見られたのは、有名なマイアミ・ビーチで、ニユーヨークあたりから来たユダヤ人たちがひとつのコミュニティーをつくってきた。また、カナダから寒い冬の間だけフロリダにやってくる人たちもいて、彼らはスノー・バードと呼ばれていた。

いまから二〇年以上前のことになるが、私はこのフロリダの中央部の大西洋岸のまち、デイトナビーチを拠点にして、一年間暮らしていたことがあった。地元にあるデイトナビーチ・ニューズ・ジャーナルという発行部数一〇万部足らずの新聞社に籍を置いて、インターン、あるいはオブザーバーとして、デイトナを中心にフロリダの各地やアメリカを見て回った。

デイトナビーチというところは、国際的なスピードウェイでその名前を知られるが、国内的には、アメリカのある程度裕福な学生たちが、スプリング・ブレイク（春休み）に大挙して訪れる場所で、地元は「世界で最も有名なビーチ」と、宣伝している。この点は若者に人気があるが、周辺も含めれば他のフロリダの他のまちと同じように、高齢者が目立つという点は変わりない。

自分の手で、自分たちのもてる範囲で

フロリダにいる間、私は意識してアメリカのお年寄りと接してきた。そして彼らの歴史とライフスタイルについて話を聞いた。戦争や大恐慌を経験した世代の彼らの歴史は、ふつうの人

でもそれなりにダイナミックで、多様で物語があった。フロリダという土地柄、彼らはリタイアしてそこを終の住処として暮らしている人たちだった。

エドウィン・ディケンソン(エディー)さんは、私がいた新聞社のオフィスに電話をしてきた。日本人の記者がいると聞いて、なにか日本の話をしたいと声をかけてきたのだった。彼の家に招待されたので、出かけてみると、そこはまちなかの古い住宅街にある芝生に囲まれた小さな平屋だった。

なかはキッチンと八畳ほどの居間、それに寝室が二つとポーチがあった。古くて質素だが、なかは清潔で慎ましやかな生活が想像できた。奥さんのマーガレット(マージー)さんの話から、旅行好きの彼らは日本にも行ったことがあって、私と日本の話などをしたいことがわかった。このときは、夫妻は七五歳と、七〇歳。それから六年して、私はフロリダを訪れた際に二人に再会した。

かなり日差しが強くなった四月のある日、彼らの家に行くと、外側も内壁もペンキやニスで塗り替えられていた。ドアも新しくなっていて、家の手入れをよくしているのがわかる。こうした仕事はすべてエディーさんが担当している。自分でできることは、お金で他人に頼むのではなく自分でするのがオーソドックスなアメリカ人の流儀だ。

「朝起きると、今日は何をしようか、どこを修理しようか、機械の手入れをしようかって考えるんだ」

少し背筋は曲がったとはいえ、エディーさんはつらつとしていた。これもまた自分で工事してつくったというポーチで、マージーさんと小さなテーブルを挟んで椅子に腰掛ける。鉢植えの植物に囲まれ、戸外からは鳥のさえずりと芝を刈る音が聞こえてきた。

二人がかつてはニューヨークにいて、大恐慌も戦争も経験してきたという話は以前聞いた。そしてヨーロッパを旅した話も。堅実に暮らしながらも、それなりにダイナミックで冒険に満ちた人生。最後はフロリダで終の住処を確保した二人のこれまでの歴史と暮らし方をもっと詳しく聞いてみたい、そう思ってやってきた。昔話ならいくらでも、とばかりに二人は気楽に答えてくれた。

二人とも出身はニューヨーク。エディーさんは一九二九年の大恐慌の混乱をマンハッタンで経験した。当時、彼は一八歳で夜学に通いながらマンハッタンの証券会社で働いていたが、当然職を失った。

「いやあ、あのときはすごかった。銀行は閉まり、ブロードウェイのビルの二十数階からタイプライターを抱えて飛び降り自殺をする人もいたくらいだった」

と、振り返る。恐慌後、彼は仕事の種類を問わず働き、結婚したときはニューヨークのロングアイランドでバスの運転手をしていた。

「どうして知り合ったんですか」。そうたずねると、マージーさんがすぐに答えた。こういう話はたいてい女性のほうが先に口を開く。

「私の友人が彼の兄と親しくて、彼らがある日、私たちを含めて四人でダブルデートを計画したの。それで、一九四一年の復活祭の日曜日に初めてロングアイランドの彼の家に行ったの……彼はそのあとでもう家の人に私と結婚するって言ったのよ」

なんとも、せっかちな話だがこれで結婚が決まってうまくいったのだから、素晴らしい直感的な判断だ。結婚してしばらくして、彼は建設会社に勤め、現場でブルトーザーなどを操作する仕事についた。するとこの会社からアイスランドで働かないかと誘われた。金銭的な条件は申し分なかったが、赴任は独身が条件だった。そこで、会社に偽って、二人でアイスランドへ行き、一九四七年から三年半の間、隠れるようにして暮らしたという。

アイスランドでの勤務を終えて再びニューヨークへ帰ることになったが、そのまえに二人でヨーロッパを旅行しようと思いついた。当時、エディーさんが三九歳、マージーさんが三六歳。このときの話は、二人にとって生涯忘れることのできない思い出になっている。どんな旅だったのか、二人は当時の写真をもってきて私に細かく説明してくれた。それは、聞いているほうも楽しく、そして羨ましくなるような日々だった。

色あせた何十枚という白黒の写真からは、懐かしさだけでなく、半世紀近い時の重みのようなものも伝わってきた。一九五〇年のヨーロッパのさまざまな街角を背景にした二人の姿が写っている。あるときはエディーさんだけ、また、あるときはマージーさんだけが撮られているのは、二人で交互にカメラを構えたからだ。ナチス・ドイツが連合軍に降伏してからまだ五年。戦争の傷跡がまだ残るヨーロッパで、現地の人に写真を撮ってほしいと頼めるような状況ではなかったのかもしれない。

「セーヌ川のそばに立つエディー」あるいは「アムステルダムのホテルで。マージー」と、写真の裏に走り書きがある。

昔のフランス映画の一シーンのような風景をバックにした、若き日の二人。がっちりした男らしい体格のエディーさんとスーツが似合う長身のマージーさん。私はこれらに見入ってしまった。そして顔を上げると、それから四二年後の二人がにこにこしながら座っている。

「用意したランチを食べるマージー、フランスの田舎で」と、裏に書かれた一枚からは、当時の旅がどんなものだったのか想像できた。城壁の前に生い茂る草。コンクリートの堤のようなものに腰掛けたマージーさんはパンとナイフを手にしている。近くにワインのボトルが置いてある。

「あのときはほんとうに幸せだった。フランスでルノーを確か八五〇ドルで手に入れて、旅行ガイドブックをもちながら三ヵ月半、気ままにあちこちを走ったの。ワインやチーズをグロサリーストアで買って、飲んではまた別の店でいっぱいにしてもらうのよ。肉やパンもお店で買い込んで、まるで毎日がピクニックのようだった」

と、マージーさんは満面に笑みを湛えていた。この旅行の話をするときの二人は声が少し高くなる。ヨーロッパでの旅を終えたディケンソン夫妻は、その後ニューヨークに住んだが、エディーさんが膝を傷めていたので、寒さを避けて暖かいフロリダに移った。それからは妻のマージーさんが保険会社や州立病院で働いて主に生計を支えてきた。

「私のほうは、仕事がなくて、一日一ドルの穴掘りの仕事までしたよ」

エディーさんが大きな声で言う。マージーさんが退職してからは、彼女が勤めていた会社の年金と、二人の老齢年金で生活してきた。私が最初に二人に会ったときには、その額はひと月九四七ドルだったが、二度目に訪れたときは一三〇〇ドル近くになっていた。為替レートにもよるが、ひと月一五、六万円くらいで彼らは暮らしていた。

これは日本の老後の標準からすれば決して多くはない。しかし、住宅費はかからないから、贅沢さえしなければ、物価の安い地方のまちで暮らしていける。

「家ももっているし、月々の決まった収入で十分やっていけるわ。旅行だってできるし……。私たちの望むものは小さいんです」

赤い口紅が決して年齢に不相応に見えないマージーさんがほほえむ。最初に会ったときも彼女は、「私たちは、自分たちがもっているお金だけで十分楽しんできた」と、言っていた。二人は限られた収入のなかから少しずつ蓄えてきた。リタイアしてからの二人の楽しみは旅行だった。日本、タイ、香港、シンガポールやハワイ、南米を旅してきた。さらに、二度目に訪れたときには、ヨーロッパ各国をめぐり、カリブ海のクルーズにも出かけていた。

国内では、自前の小さなキャンピングカーで、カナダも含めて、北米大陸の有名な景勝地を回っている。アメリカは車で旅をして、そのまま宿泊できるオートキャンプ場がいたる所にある。州立公園内の雄大なキャンプ場から、私営の駐車場だけを広げたようなキャンプ場までさまざまだ。キャンプ場には、大小さまざまなキャンピングカーが集まるが、ディケンソン夫妻のキャンピングカーは、古いフォルクスワーゲンのタイプⅡというワンボックス型の車で、いまではワーゲンのクラシックカーとして日本でもマニアに人気のある車種だった。

夫妻はこれを長い間大事に乗っていて、内部を改良してベッドなどをしつらえていた。アメリカの平均的なキャンピングカーからすれば小型に見える。この車で、キャンプ場やモーテルに泊まりながら気ままな旅をしていた。こうした旅はエディーさんが八〇歳近くになるまでつづけられた。

夫妻は五五歳以上の男女が参加できる地元のクラブに入っている。会費は年五ドル。会はピクニックや美術館観賞などを主催。中心になる人がマネージメントの手腕があって旅行の割引を交渉するなどして、少しでも節約してくれると、二人は喜んでいた。

毎朝七時半に起きて朝食にはアップルサイダーと酢と蜂蜜に、水を加えたものを飲んでいたが、これは健康飲料だそうで、この習慣は三五年間変えていなかった。昼間はエディーさんが家や庭の手入れをし、マージーさんは欠かさず午後からの連続テレビドラマを見る。三年前までは老人ホームにいた友人を毎週見舞っていた。

彼らの人生を振り返ると、無理をしないで自分たちのスタイルで生活を楽しもうという姿勢があったから、充実した日々を送ることができたのだという気がする。彼らはいい思い出をたくさんもっている。そのなかでいちばんはどれかといえば、若いころの旅行のようだ。

「いま友人たちと行く旅行も楽しいけれど、若いころの旅行のほうが、それは楽しかったわ」

マージーさんがそういうと、エディーさんがうなずいた。ヨーロッパに行ったときに使ったガイドブックを長い間大切に保管している。イギリスで出版された『サンデー・タイムズ・ホリデー・ガイド』というペーパーバックだ。この本を手元に二人はフロントが丸い小さな車、ルノー4CVに乗ってヨーロッパを動き回った。

いまにしても夢のある、こんな旅の思い出をかみしめながら、おしどり夫婦の二人は、フロリダの小さなまちで、人生の最終ラウンドを送っていた。

家は自分で作り、やがてはコンドミニアムへ

お年寄りというのは、洋の東西を問わず話し好きで、人とのつながりを求めてくる人が多いようで、ディケンソン夫妻のほかにもアメリカ人老夫妻や日系人の夫妻などから当時私のところに連絡がきた。

ウイルソン・ホールデンさんは、地元紙で私のことを知って、電話をかけてきたあとでごていねいに招待状まで送ってきた。そこには住所のあとに「Inlet Idol」と書かれていた。なんのことかと思うと、アメリカではよく自分の家に愛称をつけたりするので、そのことだろうと記者仲間に教えられた。どうやら遊び心をもった人のようだ。

招待状にある住所は、デイトナから少し大西洋沿いを南に下ったポンス・インレットという、海と大きな川の間に挟まれた細長い砂州の突端にある新興住宅地のなかにあった。周囲はまだ自然がそのまま残っているようなひなびた地域に、目指す番地を探し当てると、ガレージの前に「Welcome Ryusuki Kawai」と、私の名前のスペルを一字まちがえてはいるが、歓迎の小さなボードが出ている。家はこぢんまりした平屋で、ベルを鳴らすとアロハシャツを着た長身の男性が笑顔で迎えてくれた。

それがウイルソンさんで、奥さんのエルマさんの待つリビングに私を迎い入れ、しばらく

WELCOME
RYUSUKI
DUKE
KAWAI

すると、「泳ぎましょうか」と誘う。彼が海水パンツを貸してくれ、さっそく裏庭にある長さ一〇メートルほどの小さなプールにつかった。夫妻はこのプールが自慢のようだった。

夕食は、プールサイドの小さなテーブルに運ばれてきた。動き回るのが少々億劫にみえる夫人を手助けしようと、ウィルソンさんはキッチンとテラスを何度も往き来した。ここでは妻との二人暮らしで、娘と息子たちはとうの昔に独立して他州で暮らしているという。

キッチンとリビングに寝室が二つ。敷地内には菜園が広がっていて、トマト、ニンジンなどが植えられている。ガーデニングを楽しんでいるようだった。夕食後に、夫妻はそれまでの人生について語ってくれた。それは、ひと言でいえばよき時代のアメリカを生き、ハッピーリタイアメントを実現した例だった。ともにこのとき七二歳の二人は、北西部のオハイオ州で学生時代に知り合って結婚した。彼は大学卒業後、就職難で苦労したが運よくゼネラル・エレクトリック社に就職し、以後一九六八年に五五歳で引退するまで三一年間勤め上げた。

この間、コネチカット州を振り出しにケンタッキー、ペンシルベニアなど勤務地を変わり、合計一三回も引っ越しをした。戦前は土曜日も働き、戦時中は日曜日も出勤。週休二日は戦後になってからだという。夫人のほうは、結婚前は働いていたが、結婚してからは主婦業に専念、三人の子供を育て上げた。高度経済成長期を通過してきた日本のサラリーマンたちと仕事と家庭の位置づけがよく似ている。

「子供たちも結婚したし、早く仕事の圧力から逃れたかったので引退したんです」

そう話すウィルソンさんは、リタイア後のライフスタイルがしっかり頭に入っていた。引退前から少しずつヨーロッパやアジアを旅行しはじめた。その後デイトナ付近のビーチが気に入ってここに土地を買った。驚いたのは、それから彼は友人の力を借りて約一〇週間でこの家を自分で建ててしまった。

さすがに、プールだけは業者に頼んだといったが、あとは基礎から壁から屋根からすべてハンドメイドである。地震がないことや日本と建築関係の法律がちがうこともあるだろうが、平屋とはいえよく作り上げたものだ。建築に関する知識はそれまでまるでなかったが勉強しながら完成させ、大きな満足感を得られたそうだ。アメリカ人がもっている開拓者精神の名残りというか、独立心の強さといったものを感じる。

散歩をして、泳ぎ、庭の手入れをするのが夫妻の日課だという。リビングのカレンダーには知人の誕生日が記されている。「彼は、手紙を書くのが好きなんです」と、夫人が笑う。バースデーカードを頻繁に送るそうだ。

庭には、カーディナルやブルージェイなど野鳥が頻繁にやってくる。ウィルソンさんはこれを餌付けしたり、たまには近くに釣りにも出かけていた。一方、エルマさんはオルガンをならったり編み物をしていた。ともに自分がしたいことがよくわかっていた。生活費は年金など月に一〇〇〇ドルの範囲内でまかなっている。

「私たちは、私たちが稼いだお金の範囲内でできるような生活をしてきました。だから、足りないと思ったことはありません」

と、夫人は穏やかに言う。彼らに最初に会ってから数年して、フロリダで再び夫妻の家を訪ねることになった。しかし、そのときは彼らはすでにこの一戸建てを売却して、同じフロリダのなかでさらに南の海岸沿いにたつコンドミニアムの一室に暮らしていた。一軒家を維持するのが、老夫婦では体力的には難しくなったためだった。

大西洋岸の高層ビルの一二階に住む彼らの部屋からは、青緑の海が怖いくらいに果てしなく広がって見えた。これが彼らの最後の住処になった。

考察 良くも悪くもアメリカの変化に学ぶ

一九八〇年の国勢調査によると、フロリダ州で、六五歳以上の人口は州人口の一七・二%を占め、全国平均の一一%を大きく上回っていた。日本の六五歳以上は、二〇〇五年の調査で二一%で世界最高になったというから、八〇年時点でフロリダの高齢化率がかなり高いことでわかる。私が日本の高齢者の暮らしの今日と将来が、二〇年以上前のフロリダに見て取れるのではないかと思った理由はこうした数字にも表れている。

今日でこそ、日本は超高齢社会といわれ、住まいにしろ、趣味の活動の場にしろ高齢者だけがまとまっている光景をよく目にするが、二〇数年前はまだそれほどではなかったという気がする。その点、お年寄りたちがやたらとまとまっているコミュニティや地域が存在するという点では、このフロリダは世界で冠たるところだった。

日本では、定年後の人生とは、社会の第一線から退いて、孫の面倒でもみる隠居生活というイメージが強かったのに対して、すでにアメリカでは、人生の一仕事を終えて第二の人生を楽しむという積極的なライフスタイルが当たり前だった。ファッションも年寄りだからといって地味ではなく、派手なアロハやTシャツにジーンズ、スニーカーという姿は若者とかわりない、いや、むしろより派手なくらいだ。フロリダの南東部にパーム・ビーチというリゾートがある。初めてここを訪れたとき、高級ブランドの店が集積するモールを行く人びとを見て、はっとしたことがあった。

後ろ姿だけみると、膝までのスカートにブラウスの襟を立て、すらりとした脚のおしゃれな女性だなと思っていて、近くで振り向いた彼女を見ると、かなりの高齢だったのだ。私がデイトナで寄宿していたルイス氏の母親がこのパーム・ビーチのコンドミニアムで優雅な一人暮らしをしていた。彼女は当時八〇歳を過ぎていたが、自らベンツを運転して私を乗せてまちを案内してくれた。

ライフスタイルも、日本の高齢者とはちがうな、としみじみ思った。日本でいうところのファミリー・レストランの一つ、デニーズに行ったときのこと。お客は、当時の日本なら都会では若者が中心で、郊外は家族連れが中心だろう。私がフロリダの海沿いのまちのデニーズで目にしたのは、一人でテーブルについていたお年寄りの男性だった。ここではよく目にする光景なのかもしれない。しかし、そのとき私は奇妙な感じがした。

「日本では、年寄りは家族と一緒にファミリーレストランに行くだろうな。でも、近い将来、日本でも年寄りが一人でこういう店に行くようになるのか」。そんなふうに心のなかでつぶやいたのを覚えている。それから二〇年余、昨今では東京近郊のファミリーレストランで、高齢者がひとりで食事をする光景はめずらしいものではなくなった。

アメリカ人は独立心が強いし、仕事を求めて大きく移動もする。だから、家族間の距離は物理的に遠い。夫婦だけあるいは一人で暮らす人が目立つ。しかし、日本の家族のありかたやライフスタイルもアメリカに似てきている。当然、住まい方、暮らし方も類似点がでてくる。一般的なアメリカの高齢者の暮らしについて印象に残ったことが二点ある。一つは彼らが、孤独に対する抵抗力を日本人よりももっている点だった。見方をかえれば寂しさはあっても、孤立しても自由と自立をより守ろうとする姿勢である。いまは日本人もよくも悪くも、家族の在り方や家族関係の変化によって、こうした傾向にあるように思う。住まいを考える上でも、「孤独」と「自由」との関係は重要なポイントになるだろう。そして、もう一つは住まいを替えるダイナミズムだ。

象徴的なカップルの例を紹介しよう。太平洋岸のまちシアトルに住むランドグレン夫妻の住まいについてである。妻のエミさんは北九州出身で、六〇年代に英語の勉強でアメリカに留学、帰国後日本の米軍基地で、日本語の教師をしていたとき、アレン・ランドグレン氏と結婚して、その後夫の仕事の関係で、マニラ、キューバで暮らし、九四年にシアトルに引っ越してきた。

この夫妻の終の住処探しはいかにもアメリカらしい。キューバの米軍グアンタナモ基地内で暮らしていた夫妻はアメリカに帰ることが決まったときに、どこで暮らそうかと考えた。フロリダにまず上陸した夫妻は、引っ越しの荷物は倉庫で保管してもらいジャクソンビルから車で運転しながら太平洋岸を目指した。

「途中でそれぞれいい仕事が見つかれば、その土地に落ち着こうって思ってました」というから大胆だ。職探しといっても行き当たりばったりにアルバイト的なものを探すのではなく、エミさんは連邦政府の仕事を、アレンさんは航空会社の仕事を探した。ちゃんと履歴書を用意して、提出して面接を受ける。それが決まったらその土地に住むという算段である。

ニューオリンズを通ってテキサスを抜けて、そしてカリフォルニア、オレゴンと北上して最後はシアトルへたどり着いた。途中、ジャズ好きなアレンさんはニューオリンズに住むことに興味を示したが、エミさんが湿気の多く暑いところが苦手で反対。一方エミさんの気に入ったテキサスはアレンさんが反対した。

結局、最後はシアトルで友人宅に滞在しているときに、エミさんの仕事が決まったことがきっかけで、夫妻はシアトルを終の住処と決めて家を買った。そこで新しい友人関係も築いていった。

もともと知らない者同士が集まった国で、よりよいものを求めて旅をしてきた彼らは、移動することについての抵抗が少ない。仕事でも住まいでも日本は同じ場所にいることで、どちらかというと得をする社会だった。しかし、それも、雇用のあり方が流動化していくなかでかわってきた。日本人も徐々に移動することに抵抗が少なくなってきたようだ。これからは住まいを替えるための移動もますますアメリカ的に進んでいくのではないだろうか。

14 一度は人生をかけた住処

空《から》になった巣

住まいを替えて新しい生活に挑んだ人を中心にこれまで話をしてきたが、すでに若いうちに夢をもって、住まいを田舎に移した人もまたいる。

北海道らしい大地が広がる十勝平野の一画で、西郷穂高さんが酪農をはじめたのは一九九一年のことだった。その翌年の秋の日、私は上川郡清水町というまちにある彼の牧場を初めて訪ねた。東京出身の彼が何を夢見て酪農に取りかかったのか、日々の暮らしはどのように流れていくのか、そんな話を聞くためだった。

帯広空港から車で約五〇分。周辺には民家はほとんど見えない平地のなかに西郷さん宅の二階家がぽつんと建つ。リビングの窓からは牧草が広がっていた。このときの西郷さんの話のなかで実に印象的だったのは次の言葉だ。

「初めて北海道に来たときは顔が赤くなるほど感激して、大地に向かって叫びたくなるくらいだった」

私が二度目に西郷さんを訪ねたのは、二〇〇八年の六月で、最初に訪れたときから一六年の月日が経っていた。西郷さんは会社勤めでいえば定年が見えはじめた年齢に達していた。当初の夢はある程度達成したのだろうか。牧場経営も安定してきたであろうなかで、果たして牧場が終の住処になるのかなどをきいてみたかった。

地元で生まれた人が家業を継いだり、あるいは起業したのとはちがって、西郷さんの場合は、生まれも育ちもまったく北海道や牧場とは関係がない。出身は東京・府中市で、大学卒業後北海道で就職し、その後国際協力事業団の仕事などを経て、どうしても北海道で酪農をしたいという気持ちから三七歳のときに入植した。家族は横浜出身の妻と子供が二人。それまでの経営者が離農して売りに出された牧場を購入して、酪農をはじめた。

まっすぐにつづく道路と、立ち並ぶ木々。日本のほかのどこの地域でも見られない光景が北海道にはある。この雄大な景色と澄んだ空気に接すると、思わず手を広げて深呼吸したくなる。とくに十勝平野一帯は牧場がいたるところに広がり、人びとが抱く北海道らしい光景に出合える。この十勝平野の一角に牧場経営の夢を抱いて西郷さんは〝入植〟した。

木造二階建ての住宅のリビングからは相変わらず牧草が見渡せる。以前より髪にだいぶ白いものがまじった西郷さんだが、しっかりした男らしい話しっぷりはかわっていない。その姿勢は五〇歳を過ぎても若き酪農家だ。ただ、家のなかがなんとなくがらんと感じたのは、最初に訪れたときは家にいた小さな子供たちが、いまは社会人と大学生になり、この家を出たからだろう。家はいま、英語でいうところのEmpty Nest（空《から》になった巣）だった。

これまでのことを振り返りながら西郷さんの話が終の住処に及んだとき、彼は笑いながらこういった。

「六〇歳くらいには、八丈島へいきたいなあ」

北海道から今度は八丈島か。なかなか大胆な展開でいいけれど、あれほど強いあこがれで、北の大地に移り住んだ彼がどうしてそう思ったのか、少々驚きではあった。しかし「そういうこともあるのかな」。以前会ったときに比べて当然のことながら歳を感じさせる西郷さんの顔を見た。では、実際はどういうことなのか。その理由や西郷さんの気持ちを知る前に、これまでの彼の足跡をたどってみたい。

酪農という夢と現実

西郷さんは都内の大学を卒業をしてすぐ北海道の農協に勤めた。その後、結婚して妻の加寿子さんとともに国際協力事業団の仕事で南米のパラグアイにわたった。帰国後は宮城県で研修を積み、酪農家への準備を整えた。一〇〇〇万円の自己資金をつくり、これに三〇〇〇万円の公的な融資を得て合計四〇〇〇万円で、住宅も込みで牧場を購入した。

牛を徐々に増やしていき、きついながらも借金の返済が滞らないようにがんばってきたが、平成一〇年の一月に大雪が降り、メインの牛舎が倒壊して牛が二〇頭下敷きになってしまった。このときは農協の人や近くの人が何十人も来て機械でかたづけてくれたりした。

「大学時代の仲間などから義捐金を二〇〇万円くらいいただいて、それをもとにまた牛舎を建てました。でも、さらにその二年後には突風で別の牛舎の屋根が飛んで打撃をうけまして、このころがいちばん大変でした」

その後も機械を買ったりして、借金は一時的に増えたこともあったが平成一九年で一〇〇〇万円を切ったところまで行った。アクシデントがなければもう少し早く返済が進んだだろうが、まずまずだったのではないかと評価としている。

長女は大学を出て一安心したが、入れかわりに長男が大学へ入った。

「学費で一〇〇万、仕送りで一〇〇万っていうことで、単純に四年間で一人あたり年間八〇〇万円かかるというふうに思ってました。詳しくはカミさんにきかないとわかりませんが。長女のときはそのための蓄えがありましたが、長男はそこまでいっていないのが現実です」

大学時代だけで、二人で合計一六〇〇万円かかる。改めていうまでもないが、地方で子供を大学まで行かせるというのは、経済的に大変なことである。

「毎月牛乳代金が入ってくる。そして、一年間経って税金の申告をする。そのときどうしてお金がないいんだろうって思うんです。それほどお金は右から左へ流れた」と、しみじみ西郷さんは語る。

こうした苦労はあと数年で終わる。よくいわれるように人生にはいくつかのステージというものがある。社会人になってからでいえば、結婚をし、家庭をもつ。子供ができれば親として子育てをする。その子供が育ちやがて家をでる。夫婦だけの生活となり、一方仕事については、会社員ならある程度の地位を得るが先も見えてくる。つまり退職後が見えてくる。自営業でもそれなりのかたちができて、後継者を考えたり、それがなければその収拾の仕方を考える時期にくる。

いずれにしても、上り調子で拡大方向できた生活を五〇代あたりから見直すステージにさしかかる。西郷さんも例外ではない。いままでの生活を見直している。一つのきっかけは「冬の寒さ」だった。北海道では当たり前の冬の寒さだ。西郷さんは最近感じる冬の厳しさについてしみじみ語った。

「ほんと、今年の冬はきつかった。冬が寒いのはあたりまえなんだけれど、気力が失せたというのか、いやだなっていうか。雪景色というか北国に対するあこがれがあったからこっちへ来たこともあったがやはり寒い。酪農はマイナス二〇度くらいのところで仕事をすることがありますから、それは苦にならないんです。なにがきついかって、朝でも仕事を終わってあがってきたとき家が寒い。家にあがってきて気温的に。愛情ではなくてです(笑)、温かくない。それを今年すごく感じた」

「寒さがいやだなってとくに思うのはお風呂に入るときで、風呂ってすごく寒いんですよ。そこで昇天してしまいそうになる。また、話は連鎖してきますが更年期障害かなって思ったり。動悸が速くなったり心臓が止まるんじゃないかなって思うこともあって。うちの母ちゃん熱い風呂好きだし(笑)。この秋から冬はもんもんと過ごしたかな」

こうした気持ちは、温かさへのあこがれとなる。

「だから南の島へ行こうという話がでてきて。友だちと半分冗談で共同で土地と中古の別荘を探して。冬はそっちへ行ってということをほんのちょっと考えるようになった」

寒さが家のなかでのことで、構造的な問題であれば、改築なりして解決できる。しかし、問題はどうもそれだけでなく、メンタルな部分もあるようだ。寒さが堪えるときは、友人と酒を飲んでこうした話をして気分を紛らわすというが、「南の島」はあながち夢物語ではない。具体的な場所として八丈島が西郷さんの頭のなかにある。理想を言えば、冬は八丈島、夏は北海道という生活がいいらしい。

「なぜ、八丈島がいいかっていえば、羽田から乗り換えればそのままいけいるし、実は八丈には酪農もあって牛乳工場もあるんです。それに焼酎もあるし温泉もある。ああ、やっぱり終の住処かなあ。……あったかいところがいいかな……」

そういいながら、西郷さんはおおらかに笑った。まだ子供への仕送りや学費もあるので、計画は現実味を帯びないが、もうひとつの問題がある。ある期間農場を離れるとなれば、農場の運営の仕方を変えなければいけない。牛の乳を搾る搾乳という仕事は、毎朝、毎夕やらなければならない。人を雇えば多少解消できるかもしれないが、それには当然コストがかかる。

入植してから今日まで、西郷さんがいちばん長く家を空けたのは二泊三日の外泊である。「これから母親の一三回忌で東京へ行くのですが、これが二泊三日です」という。いまのままなら長期に家を離れることなどもちろんできない。休暇をゆっくりとれるようにするには仕事の構造をかえる必要がある。その時期がそろそろ来ていることを感じている。

実際そのために毎日乳を搾る搾乳牛の飼育から育成牛への飼育などへ徐々にシフトしていくことを進めている。育成牛というのは親牛になるまでの子牛のことで、西郷さんはこの育成牛を二年間ほど育てて妊娠させお産をさせることを事業としている。また、子牛を預かって育て、妊娠させて本来の飼い主に戻すという事業もしている。

「ぼくは搾乳は二年で終わりにしたい。息子もいるし京都に遊びに行きたいんですよ。でも、搾乳していたらせいぜい二泊三日が限度です」と、西郷さん。

もう一つ、この先考えなくてはいけないのが、後継者の問題。事業を興していれば次代への継承をどうするかは事業の大小にかかわらず問題になる。不思議なもので、自分が好きで起こした事業について、若いころはただ必死で軌道に乗せ、成功させることを考えていて「一代で終わりでいい」などと言っているのだが、ある程度かたちもできて歳もとってくると、できれば子供に継がせたいと思うようになるのはよくある話だ。西郷さんもこれに似ている。気持ちは少し複雑だ。

「自分の代で終わりになってもいいし、最後は売ることを考えてました。でも、だんだん愛着がわいてきた。後継者については、これもいままで話したことないけれど、ぼくの心のなかには子供に継いでほしいということはあるんじゃないかと。でも、口には出さないし、自分の好きなことを見つけてやったほうがいいと言ってきました。だいたいおやじがつくったものを継いでおもしろいのかいって。おれならいやだなって、そう思っていたから。でも、農業はいいですよね。ペース配分は自由だし……」

南へのあこがれ

八丈島へ行く計画は、まだ奥さんには話していない。「もし、話したら、いまは、『ふーん』っていうくらいでは」と笑う。では、奥さんはどう思っているのだろうか。十数年前、初めて加寿子さんと話をしたとき、

「あと三年たったら私はもう手を出しません」と、はっきり言っていた。今回そのことを彼女にもち出すと、

「なんかまちがっちゃったんですね。全然記憶にない。人は変わるという典型ですね」と、おおらかに笑い飛ばす。三年どころではない、いまも加寿子さんは牧場経営になくてはならない労働力で、まさに夫婦二人三脚で歩んできたことになる。

「最初のころは、やることが多くて寒さを感じる余裕もなかった。なにをやるにも『とりあえず』ということばをつけていました。牛のこと、子供のこと、まず当面のことに対処するのに精一杯だった。将来、子供たちがここに戻って来ないことも予想していました。また、住むということでいえば、ここにいてもここの住人ではないという気がしています。近隣の人は親切でいい人ですけれど、ここは自分の生まれ育ったところではない。最近は実家に帰ると、兄からは『もう、何年もそこに住んだのだから気が済んだんだろう』って言われて……」

北海道に根を下ろしたけれど、やはりここの住人ではないという感覚がある。しかし一方で、生まれ育ったところも自分の居場所だという気にはなれない。終の住処についてたずねると、「たぶんここじゃないだろうな。でも、どこにいてもそう思うかもしれない。終の住処は見つからないと思う。そんなのない。どこにいってもそれなりの生活があるだろうし」と、加寿子さんは考える。夫が描く八丈島への〝移住〟については、

「南へのあこがれと実際南に行くこととは別でしょう。六五歳になっても牛を飼っていると思う」と、あと一〇年余はまだこの地で働いていると予想する。老後に備えての蓄えを残さないといけないという考えからで、その点では加寿子さんは手堅い。

「仮に主人が南のほうに行っても、最後はある程度便のいいところに住まなくてはいけないという現実感はもっています」

加寿子さんは牛を飼うことに、個人的になにか希望をもっていたわけではなく、夫の夢についてきたということを自覚している。牧場の生活リズムに慣れるにはかなりの時間を費やした。そのリズムとは、夫の言葉を借りれば、「原色に近い生活」ということだ。

毎日、朝と夕に搾乳があり、その搾乳と搾乳の間は寝ているか働いているかのどちらかの生活。働いた後に飲みに行ったりはそうそうできない。

「そうしているうちに、ようやく牛のリズムが理解できるようになりましたが、私は牛を飼

っているのではなく、牛に飼われているような気がして（笑）。主導権は牛にあったんだと」

また、自分はそもそも牧場の生活、牛を飼う生活には向いていないと言う。しかし、もっと大きくこの仕事をとらえれば、彼女の性格にあっていたようだ。というのは、「商売でもできるだけ自分の力で完結するものがいい」と、彼女は考えているからだ。その点、酪農という自営業はあまり他者が介在することなく、また組織に左右されない仕事である。もうけの仕組みがわかりやすいともいえる。これに対して会社員の仕事は、ときに責任の所在が曖昧になる。失敗したときだれの責任かわかりにくい。ほんとうは特定の個人にほとんど責任があっても、なんとなく責任が分散することがある。

「ウチの会社はほんとにしょうがない……」とか、「会社がアホだから……」などという話をよくきく。私自身、少ない会社勤めのなかで同じようなことを言っていた覚えはある。ほんとうに会社が〝アホ〟な場合はもちろんあるのだが、とりあえず会社という無人格な存在にその責任を負わせておけば、無難に済むことにもなる。

ところが一歩組織から外に出て独立して事業でもしてみればわかる。何か失敗をしたとき後ろを見てもだれもいない。それは自分以外のだれの失敗でもない。逃げも隠れもできない。

加寿子さんにとって、牧場経営という仕事は失敗も成功も自分にかかっているという点で性に合っている。

「牛の好き嫌いではない。好きでなくてもこれは仕事だから」という彼女の言葉に、プロフェッショナルを目指す姿勢がうかがわれる。

「キャリアウーマンという言葉が出はじめたころ、それはなにもスーツを着て、パンプスをはいてる女性だけではないと思った。農家のお母さんこそほんとうのキャリアウーマンじゃないかって」

六五歳まではおそらく牛を飼っているだろうと言った加寿子さんだが、最終的にこの地に骨を埋めるつもりはない。

「自分たちがはじめた仕事を終了させて、この事業をきちんと閉じていくことが目標でもある」という。これは潔いが、多少でも執着はないのだろうか。

「これだけ作り上げたものがあって、何かを残そうという気持ちはないのですか」

ときいてみた。すぐに応えが返ってきた。

「ないな、いつ自分が死んでも段ボール箱数個くらいを燃やせば私がいた形跡がなくなってしまうのがいいなあって。最後は経済的にも人を煩わせず、ああ、死んじゃったんだね、みたいな……。（牧場については）私にしてみたらお店広げすぎたみたいな。敷地は広い。大げさな生活になって」

お店を広げすぎたとは、おもしろいことを言う。牧場そのものは夫の夢であって、加寿子さんにとって大事なのは、その牧場の仕事をしっかりと運営していくことであって、その意味でかたちにはこだわりはないということかもしれない。

引き継ぐことの意義と魅力

最後はほとんどなにも残したくないという彼女の気持ちはわかる気がする。ある程度の歳になれば、暮らしの蓄積としていろいろなものがたまってくる。捨てるよりもだいたいたまるほうが多い。しかし「起きて半畳、寝て一畳」と、いうように本来一人の人間の必要とするものは小さく限られたものだ。それなのに、こんなにものが周りにたまってしまってどうするのか、という素朴な疑問である。私の知人のある市井の研究者は移民文化に関する書物や映像資料などを個人的に収集しているのだが、あるとき彼が、「私には大事なものでも、家族が興味なければゴミと同じだからね」と言っていた。同感である。

私には何も特殊なコレクションなどないのだが、それでも本やCDやその他遊び道具はある。それらはいくらもちつづけても、おそらく大半はゴミである。ゴミを抱えたまま、この世を去りたくないという漠然とした希望はある。加寿子さんがいうように「段ボール数箱くらい」で去っていくのは理想かもしれない。「残す」「残さない」は、人生観のちがいで善し悪しの問題ではない。が、残された者から見れば、いずれにしても煩わされたくないというのが本音だろう。

ところで、自分の築き上げたものを残すか残さないかを、後継者問題を含めて考えたとき、どう考えたらいいのだろう。おやじのつくったものを継いでもおもしろいわけはない、と西郷さんは言っていたが、おやじもまた自分でそれをつくったのではなく、代々続いているものであれば、どうなのだろう。

老舗の和菓子屋とか料理屋とか、あるいは代々続く家族経営の会社の場合、いずれは残したものがまた引き継がれる可能性が極めて高いので、先代から受けついだものに自分の代のものを加えて(あるいは差し引いて)、次代にバトンタッチしている。

こう書いてみると、あまり迷うことがないといえばそう思えるし、見方をかえると伝統の力とはすごいものだと感じる。若いころは、世襲などというのは古くさい因習だと正直言って怪訝な目で私は見ていたが、代々引き継がれて残っていくということは、引き継ぐ義務と魅力とを次代に感じさせるということでもあり、人間が変わっても、別の無形の力が生き延びるということだといまは思う。こうした伝統の前には人間もちっぽけに見えることがある。それは牧場であっても同じで、西郷さんの牧場も仮にこれから何代かつづいていけば、そうした力にもなるのかもしれない。

西郷さんは、入植した当初、ここが終の住処になるかどうかなど考えたこともなかった。それがいまはどうかといえば、なかなか判断はつきかねないようだ。「終の住処と思いたくない」という一方で、死ぬまでこの仕事をしているのが、心身のためにいいのかとも思うという。

考察

事業に区切りをつけ、新天地を求めるか

西郷さんが、入植したときと今日の気持ちの変化を予想できなかったように、たいていの人は、歳をとって自分の置かれた状況がどう変化するかということを理屈では理解できても、やはり実際に歳をとってみないとその変化を実感できない。したがって唯一確認できるのは、若いころ絶対だと思っていた決心ものちに変わることがあるということだ。さらに言えば、そのときどきで目標や夢を実現しようと精一杯生きるしかない。その結果、新たな終の住処がぼんやり見えてくるのではないか。

たとえば事業をつくりあげ、子供も育ちあがる。ふと立ち止まると、もう少しリラックスして楽に生活できないかと考える。だが、ここでともに歩んできた妻が自分とまったく同じ将来像を描くとはかぎらない。若いうちはエネルギッシュな夫の理想について行き一緒にひた走る。そのとき伴走してきた妻は、夫よりも現実的に生活を見る。そしていつしか夫より

地域に根を生やすこともある。ここで夫と妻の姿勢にずれが生じることがある。

夫婦そろって同じ夢をみるということはそう簡単ではない。少々ネガティブな例を話すようだが、私が地方でみた経験から感じたままを記してみたい。海辺や高原の観光地を訪れたときに、ときどき都会風の喫茶店やレストランなどを目にしてのことだ。もともと土地の人ではなく、都会から来たであろう夫婦が店を切り盛りしている。

すでにその店はかなりの年月が経っている。おそらくオープンしたてのころは、しゃれた雰囲気をねらったのだろうが、いまは店内もだいぶ色あせている。店で中心になって働いているのは、たいてい亭主のほうだ。バンダナなどを首に巻いたりしているが着ているものもちょっと疲れを感じさせる。

そこそこ客が入ってきて、ちょっと手が足りなくなると、奥さんと思われる女性が手伝いに出てくる。これがあまり愛想がない。仕方がない、とでも言わんばかりに体を動かす。この二人の間にはあまり会話がない。想像するに、きっと最初は夫の側に夢のような計画があって、これに妻がついて行ったので脱サラということもあるだろう。若ければ、妻も「私は子供たちとここに残るから、あなただけ行って」などということにはならない。妻も夫の語る夢にそれなりに理解を示す。

しかし、経営、ビジネスという点では現実は厳しく、だんだん日々の生活に追われてくる。

妻のほうは「どうしてこんなところに来ちゃったのかな」という気分になる。それが顔に知らず知らずのうちに出てくる。これがひどくなると、「どうしてこの人と結婚しちゃったんだろうか」にまで行き着いてしまう。

西郷さんの例に戻って考えれば、事業を残したいという気持ちはあるだろう。しかし、この生活のスタイルが終の住処となるかについては、疑問を抱いている。一度はあれほどあこがれた事業だったが、いまは別の生活スタイルを別の地で送ることがいいのか考えどころだ。ここがサラリーマンとはちがって、その後の人生に大きな影響を与える。夫婦間の意見の差異も含めて、これから最後の住まいのかたちを模索するのだろう。

現時点で、西郷さんの位置をチャートで確かめてみる。家族との関係は良好でかつこれまでどおりだろう。経済的には、余裕がこれからでてくる。健康には不安はなく、仕事についてはまだつづけたいという気持ちがある。こうしてみると、「7」の「仕事を優先しながら、家族との暮らし方を考える」か、「3」の「仕事との関係さえ許せばすきなところへ。都会でないとできない仕事かどうかを考える」という位置にいることになる。このちがいは、あくまでチャート上のことだが、経済的な余裕の有無でわかれる。

15 短パンとビーサンの生活

「寒さが身にしみました」

やはり歳をとると寒さはより身にしみるのか。「やはり」というのは、西郷さんと同じような言葉を同じころ長野県のあるペンション村で聞いたからだ。

「冬もビーサンと短パンでいられるところがいいかな」

長野県の田舎で家具づくりをする横澤孝明さんは、少し照れるような顔をした。それほど口数が多い人ではなく、言葉を選んで話をする横澤さんがこういうのだから、正直な気持ちとみた。三年前の春に会ったときも、「今年の冬はほんとうに寒さが身にしみました」と、いかにも辛かったとばかりにこぼしていた。

西郷さんと同じだ。自ら進んであえて寒い地方を選んで住みついたのに、長年暮らした末にやはり「南の暖かいところのほうへ行きたい」と話すのは、ばつが悪いという気持ちもあったのかもしれない。聞いているほうは別にそんなふうには思わないのだが。

私が横澤さんと出会ったのは十数年前のことで、長野県長和町（当時長門町）の姫木平にあるアルペンフローラというペンションに滞在したときだった。経営者は先に紹介した東京出身の北島清さんである。スキー客だった私にダイニングルームにある家具をつくった〝家具職人〟として、北嶋さんが紹介してくれたのが横澤さんだった。括り付けの家具を含めて、既製のものとはちがって、無垢の木を利用した棚などは、実用性を兼ね備えたシンプルな味わいがあった。横澤さんは「木然」（きねん）と名付けた家具工房を一人で切り盛りしていた。実用家具で長年使えるものを目指すというのが彼のポリシーだ。「町で生活していると与えられるものばかりで、自分で見つけるものがない」と横澤さんは言っていた。

大門川という渓流のほとりに土地を借りて、二四坪ほどのプレハブで作業をし、ときにこの川でフライフィッシングをすることもあった。こう聞けば、自然のなかで自分一人の仕事に打ち込めてうらやましいと思う人はいるだろうが、そう簡単な話ではない。

個人での家具製作はビジネスとして不安定なところがあるし、それだけで食べていけるほど需要があるわけではない。自然の素材を生かした手づくりの家具が人気があるのはいうまでもない。しかし、製作にかかる手間とコストを考えると、どうしても既製の家具と比べてかなり高くなる。なにも高級品をつくっているわけではなくても自然とそうなってしまうのだ。地理的に見ても顧客を開拓するのは難しいし、完成品を並べるようなショールームをつくるのもコストがかかる。

生活面でも、田舎暮らしは自分でこなさなければならないことが多い。ペンション村や別荘地は後から開発されたところだから、一般的に近くに学校はない。横澤さんはかつて毎朝車で二人の子供を学校まで送り、仕事場に向かった。

その子供たちも大人になって家を出たいま、横澤さんは終の住処についてどう思っているのか。私と同世代であり、同じ自営業であり彼に仕事や住まいの展望をきいてみたいと思った。

二〇〇八年の春、最初に会ったときと同じ、ペンションで北嶋さんをまじえて、横澤さんと話をすることができた。そのなかでできたことばが、「ビーサンと短パン」である。

二人の子供たちは家を出て、時を同じくして妻とも別れて、横澤さんは一人になっていた。

「希望に満ちてがんばっていた」

一九九〇年に姫木平に移ってきた当時を振り返って、横沢さんは苦笑した。そして最近「一〇年後」を意識しだしたという。人生はないものねだりなのか。海の好きだった時代を思い出している。

☖「振り回されるのはいやだな」

横浜市生まれの横澤さんは、子供のころから魚が好きだった。中学生のころには水産系の学校を希望し、そのとおり東海大学海洋学部に入り水産学科を卒業する。最初は潜水の会社に勤務して、環境アセスメントのための潜水調査をしてきた。原子力発電所が排出する温排水が周辺の海域に生息する生物にどう影響があるのかを海に潜って調査をした。

年に四回調査をして、一回の調査にはひと月くらいをかけた。福島県のいくつかの原発をはじめ、宮城の女川、新潟の柏崎といった原発の海域で仕事をした。柏崎あたりはいまから思えば、北朝鮮の拉致事件が起きたときだった。拉致被害者の一人、蓮池薫さんは横澤さんと同年代だ。

潜水の仕事の次は、相模湾の定置網の漁業会社に就職し大磯沖で真鯛の養殖に携わった。大学時代は水産増殖の勉強をしていたので、本来希望していた養殖関連の仕事ができた。午前三時や四時に漁に出るという毎日だった。しかし、二年ほど不漁がつづいたため、会社内の別の職に配転されることになった。これが大きな転機になった。

振り回されるのはいやだな。そう思って進路を変えようと決めた。そこで、考えたのが田舎に入って暮らすという道だ。もともと学生時代から自給自足の生活や田舎暮らしにあこがれていた。そのためには何か手に職をつけなければ。そこで家具をつくるという木工の道を選んだ。

神奈川県の職業訓練校に入って一年間木工を学んでからまず木工所につとめた。約四年間働いた後に独立しようと決めたとき、どこに居を構えようかと〝移住先〟を探した。最終的に長野・姫木平を選んだのは、かつて近くでアルバイトをしていたことで土地になじみがあったこと、そしてペンション村と別荘地であることが気に入ったからだった。

「田舎の生活はいろいろと近所づきあいなどの点でしがらみがあることを聞いていましたし、でもここだったら、もともとよそ者の集まりだし、生活するのに楽かなという気持ちがありました」

知人の紹介で、二〇〇坪の土地がついた建築後一五年がたつ中古の別荘を自宅として四五〇万円で購入。これを自分で増築したり手直ししてきた。それから二〇年。ありきたりな言い方になるが、あっという間だったようだ。「寒さがきつい」としみじみ言った横澤さんはこうつづけた。

「最近、南下志向というのか、海へ行きたいなという思いが強くなりましたね。寒さに弱くなってきたというのか。冬場に自分でここにいて、動けなくなったらへたすりゃ凍死ですからね」と、苦笑する。

「沖縄の人と知り合うようになったこともありまして、いろいろ話を聞きますが……、久米島とか石垣島とかどうですかね。ヘミングウェイの『老人と海』に出てくるようなところがいいですね。ハワイもいいですね。まあ、一人になったので、どこに行くにも自由だしね」

「最後の一〇年、どこがいいでしょうかね」と、私も一緒になって、あそこがいい、ここもいいという話になった。実現可能かどうかは別としてこの種の想像はなかなか楽しいものがある。

「最初は三浦半島とか考えました。ほかには南ではないですが、仙台もいいなって。北ですけれど海が近いから意外と寒くはない。友人が近くにいることもあります。歳とったら俺がなんとか面倒みてやるなんて彼はいいますが、同い年でどうやってみることができるんだって笑いましたけれどね」

将来計画は膨らむ。しかし、いますぐそれを実行に移すことはできない。「信州には個人で木工を手がけている人が五〇人くらいいます。でも、おそらくその七、八割は、木工だけでは食えていないでしょう。これまでは稼いだ分は右から左の生活でした」というように、まだ経済的な余裕はない。一方で、子供を育て終えて、いま一人で仕事に集中することができるようにもなった。年齢的な問題を考えたとき、横澤さんはあと一〇年くらいが生活の変わり目ではないかとみている。彼の言葉を借りれば、一〇年間はなんとか耐えて、最後のステージに移ることを考えている。

考察

仕事に精進し、将来の住まいに備える

子供が育ちあがって家を出れば夫婦二人になる。身軽になるのはいうまでもない。まして横澤さんのようにひとりになれば、自分の行き先は自分で決めればいい。私の知人で独身を通す中年男性がいるが、彼いわく「物事を決めるのにいちいち二人で決めるのは自分は耐えられない」と、独身理由を語った。そういう考えもある。また、同じく独身を通している知人の女性は、同じような境遇にある仲のいい女性の友人とつかず離れずで暮らすのが理想だといっていた。

横澤さんも西郷さん同様に、信州の田舎に工房をつくって仕事をしはじめたころは、終の住処を別に探すことなど考えてもいなかったろう。だが一人になってみれば、年齢の問題もあるのだろう、寒さが体に堪えるのは理解できる。

会社員のなかには経済的に許すのであれば定年後はもう働きたくないという意見をよくきく。猛烈に働いてきた人ほど、これ以上だれかに使われるのは嫌だというのはわかる。これに対して、自営業の人は定年がないこともあるのか、たいてい「元気なうちはできるだけ働きたい」という。自営と勤め人では、〝老後〟のライフスタイルにも、大まかに見れば差があるようだ。

横澤さんはまだ五〇代前半、ここで家具づくりという仕事に集中し、最後はどこかもう少し穏やかな気候の所へ移って仕事を続けるつもりでいる。その終の住処を決めるのは逆に言えばこの一〇年にかかっているともいえる。ビジネスとしては大変な仕事だが、腕一本で工房を構えれば、どこでも成り立つ。その意味でも自由に終の住処を選べるとも言える。

家族との関係は、ひとりになったのだからある意味で制約されることはなくなった。経済的な余裕が生まれるかどうかは、仕事をつづけることが条件になる。健康状態には不安はない。これからまさに仕事を充実させようという意欲がある。

「家族」「家計」「健康」「仕事」という自分の位置を確認する大きな四つの柱があって、そのなかで人によってはとくに重視するものがある。横澤さんにとってはいまは「仕事」ということになるのだろう。

チャートに沿ってみると、これまでの家族関係を維持しなかったという点をスタートとすれば、横澤さんが置かれている状況から予想される着地点は、現時点では「15」の「しばらくは仕事を中心に考えて、家計を考慮して住まいを考える」となる。しかし、これは前提が家族と一緒の場合であり、横澤さんの場合、いますでにひとりでも今後二人になることもありえるし、「家計が許せば二人で暮らすことも考える」となるかもしれない。

おわりに　バケット・リストと選び取る人生

あと数ヵ月で死ぬとわかったとき、あなたならどうする。最後にすべき人生の選択とは何か。この大それたテーマを、ハリウッド流にユーモアを交え前向きに描いたのが、ジャック・ニコルソンとモーガン・フリーマンの二人の主演による映画『最高の人生の見つけ方』だ。

原題は英語で「Bucket List」。映画の日本語字幕では「棺桶のリスト」と訳されているが、「死ぬ前の最後にやりたいことのリスト」という意味である。ニコルソン演ずる大富豪エドワードとフリーマン演ずる自動車工のカーターが、同じ病院で入院中に知り合う。ともに余命はあと六ヵ月だとわかる。あとは少しでも長く生きるために、闘病生活をするしかない。しかし、それでいいのかと悩んだ二人は、死を前にしてやり残したこと、これだけはやっておきたいことのリストをつくる。そして、闘病に時間を使うより、リストの項目を実践しようと病院を出る。

ここからが、ハリウッド映画的なのだが、エドワードの財力を使って、ヒマラヤの雪のなかやアフリカのサファリへ行ったり、また、昔欲しかったフォード・ムスタングに乗ってレース場を疾走したり、スカイダイビングをしたりする。そして最後は、家族との関係を修復するなど、精神的な充足感を得る。リストに挙げた目標を実現し、やがて二人は予測にたがわず亡くなってしまうのだが、座して死を待つより、積極的に最後は人生を謳歌するという姿勢が観るものに共感を与える。映画ではエドワードが金持ちだったから、最後に思い切り贅沢な時間をお金で買った感がある。余命がある程度わかったとき、贅沢をするかどうかは別にしても、できるだけの延命治療を含めて、お金で買えるものが多いのも事実だ。

九〇年代のはじめ、エイズが社会問題として拡大していたころ、私はニューヨークで「エイズ患者の生命保険を下取りするビジネス」をはじめた若いアメリカ人経営者に取材したことがあった。生命保険をかけているエイズ患者と契約して、生前に保険金の何割かを支払い、この患者が亡くなったとき患者に代わって会社が保険金をまるまる受け取るという仕組みだ。

患者からすれば必ず死ぬから生前にお金がもらえ、会社からすれば必ずあとになってお金が入る。「死のビジネス」などといわれたこともあったが、相互の利害がマッチしたから成り立ったビジネスだった。

広告にはこう記してあった。

「エイズにかかった場合、多額の治療、入院費が必要となります。また、エイズにかかっているからといって残りの人生を楽しむことをやめるべきだとはいえません。あなたの生命保険の代わりにすぐ現金を払いましょう。あなたはお金を最も必要とするときに手に入れることができます。われわれは高度な倫理観をもってこの仕事をします」

この場合の患者とは、単なるエイズウイルス保菌者ではなく、確実に死亡するとわかっている人のことだ。契約を希望する患者は、会社が嘱託の専門医の診断を受けて、その結果余命が二年以内と確定すること、また、かけている生命保険の額は二万五〇〇〇ドルから二五万ドルの間が条件になる。保険の受取人を会社に変更し、その代わり、患者は額面の六〇%~七〇%をもらう。

この広告を出した会社の経営者は、当時二八歳のM氏。家族が不動産業などを営み、彼自身はニューヨーク大学でMBA（経営学修士）を取得し、アメリカン・エクスプレスなどに勤めたあと家業をつぎ、ニュービジネスとしてこのエイズ患者保険の下取りをはじめた。

「エイズ患者が残りの人生をお金の問題で苦しんでいることを知った。エイズとわかれば解雇されたり、仕事をやめなければならなくなる。一方、医療費は莫大にかかる。もし保険を生前に肩代わりできれば、医療費は心配ないし、バケーションにだって出られる」

と、M氏は優しく話した。このとき、M氏の会社と契約してすでにお金を受け取った人は四人で、年齢は三一歳から四八歳。四人ともニューヨークに住んでいるゲイの人たちで、エイズとわかって仕事を失った。彼らがもらった金額は五万ドル（約五〇〇〇万円）から一五万ドル

（一五〇〇万円）。個人のプライバシーには立ち入らないから、お金をもらった人たちがどうしているかは、M氏たちは知らないと言った。

ある雑誌にこうした会社から生前にお金をもらったエイズ患者が、BMWを買って、友人たちに別れを告げる旅に出たという話が載った。これについてM氏と協同経営をする弁護士が言った。

「それはいい話だけれど、ほとんどの人はただ、日常生活を維持していくためにほんとうにお金を必要としているんだと私は感じている」

ガンやエイズなどで、余命の期間を宣告されても、残りの人生を密度濃く生きた数多くの例を私たちは知っている。辛いことにはちがいないが、まだ自分の意志がしっかりしていれば、なにかを決めることができる。短い期間でも最後の時間を過ごす場所を決めることができる。それは文字通り終の住処になる。

超高齢社会の進行は、高齢者にとって、かつてよりは変化に富んだ住まいのかたちを提供している。老後の心配の最大事は健康だろう。それは自分のためだけでなく、残された家族のためでもある。だから、暮らし方や住まいも福祉や医療に大きく比重がかかるのはしかたない。しかし、歳をとればいずれどこか具合が悪くなる。心身共に衰える。なにもなくある日突然、ポックリいければいいが、それは希であることは先例をみればわかる。だとしたら、病気になる、あるいは体が動かなくなるその日を恐る恐る待つようにして、住む場所や住まいを考えるのはいいことなのだろうか。たとえは極端かも知れないが、「どうせ、夜にベッドに入らなくてはならないのだから、朝からパジャマのままでいる」というのと、似てはいないか。

最期があるからこそ、元気なうちに、自由意志が働くうちに「バケット・リスト」を用意しておくほうが、人生は面白い。些細なことでも、自分なりのライフスタイルをもって「終の住処」を探してみたらどうだろう。いずれ体の自由がきかず意識も薄弱になるような日が、生き続けていく限りだれの身の上にも起こりうる。そのとき、残されたものに迷惑をかけないという最低条件を守ることができれば、金や物などを多く抱えていても、意味があるのだろうか。では、最後は何が自分のために価値あるものになるのか、何が楽しいのか。そう自問したとき、私は一つは「思い出」ではないかと思う。

フロリダの老夫婦のことを思い出していただきたい。素晴らしい思い出をいつまでも大事に、そして反復することで残った時間も豊かに過ごせる。少しでも楽しい、あるいは充実した日々や時間を数多くもっていることで、それを思い出しながら時を過ごすことは悪くない。

では、充実した日々とは何か。終の住処との関係でいえば、自分で考え、自分で決めた暮らしのかたちだろう。思い切って田舎で暮らすもよし、若いころからあこがれていたまちへ住むのもよし。家族のために、三世代にわたってにぎやかに暮らす家を建てる方法や、逆に、一人の暮らしを楽しむという方法もある。

趣味の部屋をつくる、純日本的な家を造って和風の生活をする、海外へ出てしまうことも決して不可能ではない。家を売却して賃貸住宅へ移り、できるだけ身軽になって体力が許す限り旅に出る。好きな山を毎日仰ぎ見ることができる場所へ家を建てるとか、海の見える部屋(マンション)を買うのもいい。

これらを決めるには、まず自分なりのライフスタイルを描くことだ。さらにいえば、ライフスタイルというかたちを、根本で支える精神がなくてはならない。「私は最後の一〇年を、できるだけリラックスして過ごす」とか「最後はシンプルにたんたんと生きる」といった、基本精神である。

形から入るのも悪くはない。でも、あるかたち(スタイル)が気に入るのは、それを陰で支える精神的なものがあるからだ。ただ、それを自覚しているか、いないかのちがいだ。どんなふうに最後は生きるか、それがかたち(スタイル)となっておぼろげながら現れてきて、ライフスタイルを確認していく。そして最後は、住処を決める。

繰り返すが、最後はどうなるかだれにもわからない。あえて否定的にいうつもりはないが、最後は体は自由がきかなくなり、自由意志もなくなるかもしれない。しかし、だからといって老いを迎えるだけの準備に汲々としてどんな意味があるのだろう。

一九五〇年代にアメリカでビート・ジェネレーションを生んだ作家、ジャック・ケルアックの有名な作品『オン・ザ・ロード』での主人公の言葉を思い出す。アメリカがわが世の春を謳歌した第二次大戦後の十数年を舞台に、粗野で、危なっかしい若者がアメリカを飛び回るように旅し、愛と性と自由を謳歌する。だが、これらと裏腹に不安が顔をのぞかせる。

主人公は最後にアメリカの大地と空と人びとに対する熱い思いを吐露した後でこういう。

「だれにも、だれにも、これからどうなるかはわからない、見捨てられたボロのように年老いていくことしかわからない」と。

年老いていくことを忌避する若者らしい言葉だが、超高齢社会を迎えているいま、老いを目前とした世代には、その覚悟を呼び覚ますものとして胸に響くのではないか。「見捨てられたボロのように年老いていく」ことが確かでも、いや、確かだからこそ、その前に自分らしいスタイルを求めたいものだ。少しでもいい思い出を作るために。

二〇〇九年六月

川井　龍介

著者紹介

川井 龍介（かわい・りゅうすけ）

1956年神奈川県生まれ。慶應義塾大学法学部卒。新聞記者などを経てノンフィクションや音楽コラムを執筆。また、連想検索機能を使いウェブ上を中心にさまざまな文化情報を発信、企画するNPO連想出版の立ち上げに関わり、現在同出版理事、編集長。主な著作は、作者不詳の歌「十九の春」のルーツを探りながら沖縄・奄美などの戦後史秘話を追った『「十九の春」を探して』（講談社）や青森のへき地の高校野球部が経験した珍事と青春像を描いた『122対0の青春』（講談社文庫）。そのほか、住宅・都市・福祉をテーマにした著作には『これでも終の住処を買いますか』（新潮OH！文庫）、『身体にいい家、悪い家』（新潮社、前田智幸と共著）などがある。

終の住処を探して

2009年8月1日　初版第1刷発行

著者——川井龍介
装丁——宮脇宗平
発行者——木内洋育
編集担当——田辺直正
発行所——株式会社旬報社
〒112-0015 東京都文京区目白台2-14-13
電話（営業）03-3943-9911
http://www.junposha.com/

印刷・製本——株式会社シナノ

ISBN 978-4-8451-1131-2